utb 6103

**Eine Arbeitsgemeinschaft der Verlage**

Brill | Schöningh – Fink · Paderborn
Brill | Vandenhoeck & Ruprecht · Göttingen – Böhlau · Wien · Köln
Verlag Barbara Budrich · Opladen · Toronto
facultas · Wien
Haupt Verlag · Bern
Verlag Julius Klinkhardt · Bad Heilbrunn
Mohr Siebeck · Tübingen
Narr Francke Attempto Verlag – expert verlag · Tübingen
Psychiatrie Verlag · Köln
Ernst Reinhardt Verlag · München
transcript Verlag · Bielefeld
Verlag Eugen Ulmer · Stuttgart
UVK Verlag · München
Waxmann · Münster · New York
wbv Publikation · Bielefeld
Wochenschau Verlag · Frankfurt am Main

Saskia Ehrhardt, Anna Gamperl, Melanie Zeller

# Fallbuch zur Sozialen Diagnostik in der Klinischen Sozialen Arbeit

facultas

**Bibliografische Information der Deutschen Nationalbibliothek**
Die Deutsche Nationalbibliothek verzeichnet diese Publikation in der Deutschen Nationalbibliografie; detaillierte bibliografische Daten sind im Internet über http://dnb.d-nb.de abrufbar.



1. Auflage 2023

facultas, Universitätsverlag, Stolberggasse 26, 1050 Wien, Österreich


Einbandgestaltung: siegel konzeption | gestaltung, Stuttgart
Umschlagfoto: © Pablo Stavnichuk – iStock
Lektorat: Katharina Schindl, Wien
Satz: Wandl Multimedia Agentur, Groß Weikersdorf
Druck und Bindung: Friedrich Pustet, Regensburg
Printed in Germany

utb-Nummer 6103
ISBN 978-3-8252-6103-0 (Printausgabe)
ISBN 978-3-8385-6103-5 (Online-Leserecht)
ISBN 978-3-8463-6103-0 (E-PUB)

Online-Angebote oder elektronische Ausgaben sind erhältlich unter www.utb.de.

# Inhaltsverzeichnis

# Einleitung

„Tatsächlich gibt die Ordnung der Wörter niemals streng genau die Ordnung der Dinge wieder.“ (Bourdieu, 1987, S. 750)

Soziale Diagnostik begleitet uns drei Autorinnen in unterschiedlichen Kontexten in Lehre und Praxis schon längere Zeit. Wir sind davon überzeugt, dass Soziale Diagnostik ein wesentlicher Bestandteil professioneller sozialarbeiterischer Fallarbeit ist. In den letzten Jahren stand Soziale Diagnostik zunehmend im Fokus einer Vielzahl von Publikationen und Forschungsprojekten, die eine Professionalisierung und Weiterentwicklung der Sozialen Diagnostik dokumentieren. Soziale Diagnostik ist an vielen Hochschulen bereits ein fester Bestandteil der Ausbildung zukünftiger Sozialarbeiter:innen. Unsere Erfahrung zeigt, dass in der sozialarbeiterischen Praxis Soziale Diagnostik permanent passiert, ohne dass sie immer auch explizit als solche bezeichnet wird. Mit diesem Buch möchten wir einen Beitrag zur weiteren Etablierung Sozialer Diagnostik in der Praxis sozialarbeiterischer Handlungsfelder leisten.

Im vorliegenden Fallbuch stehen Fälle im Fokus. Anhand dieser aktuellen Fallbeispiele wird die Soziale Diagnostik und ihre Anwendung vermittelt, vertieft und geübt. Alle Fallgeschichten haben einen direkten Bezug zu klinisch-sozialarbeiterischen Handlungsfeldern, d. h., sie bilden Problemlagen und Fragestellungen ab, die komplexe Verschränkungen von sozialen und gesundheitlichen Aspekten beinhalten. Daher liegt der Fokus dieses Buches auf Sozialer Diagnostik in der Klinischen Sozialen Arbeit. Da sich die Klinische Soziale Arbeit als Spezialisierung innerhalb der Sozialen Arbeit versteht, ist dieses Buch aber nicht nur für Klinische Sozialarbeiter:innen geeignet, sondern kann in allen Feldern der Sozialen Arbeit Anwendung finden, wo Klient:innen mit solchen Bedarfen Unterstützung benötigen. Die Fallgeschichten sind Beispiele für die diversen Lebensrealitäten von Klient:innen und für aktuelle sozialarbeiterische Fragestellungen. Sie zeigen auf, wo Soziale Diagnostik überall angewandt werden kann/könnte.

Das Buch ist in drei Teile gegliedert. Im ersten Teil werden wesentliche Grundlagen der Sozialen Diagnostik erklärt. Wir stellen einen kurzen historischen Abriss Sozialer Diagnostik dar, gehen auf theoretische und konzeptionelle Hintergründe ein und erläutern Methoden, den prozesshaften Charakter und die Funktionalität Sozialer Diagnostik. Damit bietet der erste Teil des Buches die Grundlage für die Fallgeschichten, die sich im zweiten Teil befinden. Hier stellen wir 25 Fallbeispiele vor. Zu jedem Fall gibt es Aufgaben, die mithilfe der Inhalte aus dem ersten Teil des Buches bearbeitet werden können. Bei der Darstellung der Lebenslagen von Klient:innen können wir keinesfalls dem Anspruch auf eine vollständige Darlegung des Falles gerecht werden. Uns ist bewusst, dass die Fülle an fallbezogenen Daten, das subjektive Erleben der Klient:innen und die Interaktionen zwischen ihnen und den Fachkräften nur ansatzweise bzw. in unserer Lesart wiedergegeben werden können. Wir haben uns aus Rücksicht auf die Anonymität der Klient:innen und im Hinblick auf eine gender- und diversitysensible Sprache für Großbuchstaben anstatt Namen entschieden. Der dritte Teil des Buches beinhaltet den Lösungsteil. Hier bieten wir jeweils eine Möglichkeit der Beantwortung der Fragestellungen an. Das sozial-diagnostische Grundprinzip der Partizipation können wir nicht praktisch, sondern nur hypothetisch erfüllen. Wir haben nicht mit Klient:innen gesprochen, nicht ihre, sondern die Eindrücke ihrer Sozialarbeiter:innen erzählt bekommen. Letztlich zeigen wir in den Lösungen Hypothesen, die weder vollständig oder abgeschlossen noch für die Klient:innen immer relevant oder wahr sein müssen. Wir stellen also lediglich eine Interpretations- oder Lesart zur Verfügung, ohne die Sichtweise oder Einschätzung der Klient:innen im letzten Wort zu berücksichtigen. Das Buch ist daher geeignet, um Soziale Diagnostik theorie- und methodengeleitet an realen Fallbeispielen zu üben und zu vertiefen.

Auf Seite 105 befindet sich eine übersichtliche Darstellung, welcher Schwerpunkt in welchem Fall geübt werden kann. So werden ein gezieltes Ausprobieren und ein Vertiefen spezieller Themen erleichtert.

Unser herzlichster Dank gilt an dieser Stelle allen Kolleg:innen aus der Praxis, die uns ihre Fallgeschichten zur Verfügung gestellt und mit viel Begeisterung von „ihren" Klient:innen erzählt haben. In diesen Gesprächen haben wir nicht nur großes Interesse an Sozialer Diagnostik erlebt, sondern selbst viel über die jeweiligen Einrichtungen, die dort gelebte Praxis und deren Herausforderungen gelernt.

Wir hoffen, dieses Fallbuch motiviert, sich mit Sozialer Diagnostik zu beschäftigen und sozial-diagnostische Kompetenzen in der Praxis Sozialer Arbeit fest zu verankern.

Viel Freude bei der Bearbeitung wünschen

Saskia Ehrhardt, Anna Gamperl und Melanie Zeller

# 1 Soziale Diagnostik und ihre historische Entwicklung

## 1.1 Die Anfänge: Armenfürsorge und beginnende Professionalisierung

Sozial-diagnostische Elemente lassen sich bis weit in die Vergangenheit zurückverfolgen, auch wenn sie noch nicht so benannt wurden. Bei der Nachzeichnung der historischen Entwicklung Sozialer Diagnostik ist zu bedenken, dass diese immer auch im Kontext ihres jeweiligen Zeitgeistes zu verstehen ist. Beginnen wir mit der Betrachtung im 18. Jahrhundert: Die Armenfürsorge widmete sich damals vor allem bestimmten Gruppen von armen Menschen. Es fand eine Unterscheidung dahingehend statt, wer als bedürftig und unterstützungswürdig galt. Bestimmte Gruppen von Personen wurden als einer Hilfe würdig deklariert (z. B. Kinder armer Eltern), andere dagegen nicht (z. B. Trunksüchtige, siehe dazu Spode, 2013). Die Würdigkeit bzw. Unwürdigkeit hinsichtlich des Anspruchs auf Unterstützung lässt sich vor dem Hintergrund der damals herrschenden gesellschaftlichen Verhältnisse und Weltanschauung sowie dem Stand wissenschaftlicher Erkenntnisse erklären.

Bereits Ende des 18. Jahrhunderts waren Grundgedanken eines kommunalen Jugendamtes mit einer primären Leitlinie in der Hilfe für Kinder und Jugendliche durch Erziehung und Bildung vorhanden (Thole et al., 1998, S. 40). Das Rauhe Haus, das 1833 in Hamburg von Johann Hinrich Wichern gegründet wurde, ist ein Beispiel für eine religiös orientierte Fürsorge, die armen Kindern den Zugang zu einem gesellschaftlich akzeptierten Stand ermöglichen sollte. Das Rauhe Haus richtete sein Angebot an den Bedürfnissen der Armen aus (Wichern, 1833, S. 67). Kinder und Jugendliche, die aus ärmlichen Verhältnissen stammten, sollten mit einem Angebot von Erziehung, Bildung und Fürsorge unterstützt werden.

Gahleitner, Hahn und Glemser (2014, S. 7) verweisen darauf, dass das Hauptziel der Beurteilung der Unterstützungswürdigkeit im 19. Jahrhundert im Verhindern des Missbrauchs von Unterstützungsleistungen lag. Die Beurteilungskriterien seien dabei vom Hausverstand und vom moralischen Wertesystem des bürgerlichen Mittelstands geprägt gewesen. Eine beginnende Professionalisierung, bei der Soziale Diagnostik als Instrument sozialer Hilfen verstanden wird, lässt sich erst zu Beginn des 20. Jahrhunderts beschreiben.

1917 veröffentlichte die US-Amerikanerin Mary Richmond das Werk „Social Diagnosis“, das bald „zum Standardwerk des *case work* avancierte“ (Buttner et al., 2018, S. 11). Für die Feststellung sozialer Bedürfnisse müssten Fakten gesammelt, verglichen, ausgewertet und interpretiert werden. Erst den letzten Schritt des Interpretierens bezeichnete Mary Richmond als Diagnose (Buttner et al., 2018, S. 11). Die Datensammlung sollte multiperspektivisch erfolgen, indem verschiedene Aspekte und Hinweise in

Bezug auf das vorliegende Problem berücksichtigt werden. Die Beziehung zwischen Fachkraft und Klient:in diente dabei ebenso als Basis für das Verständnis der Problematik wie Informationen über das familiäre und soziale Umfeld der Hilfesuchenden. Mary Richmond machte außerdem deutlich, dass ein interpretatives bzw. verstehendes Vorgehen bei der Sozialen Diagnostik wichtig ist. Ziel der Diagnose sei es, Hinweise „auf die in Angriff zu nehmenden sozialarbeiterischen Interventionen" (Buttner et al., 2018, S. 12) zu erhalten. Gleichzeitig gab Mary Richmond aber auch zu bedenken, dass „eine vollständige und korrekte Diagnose nicht immer möglich und keine Diagnose endgültig" sei (Buttner et al., 2018, S. 12). Die wichtigsten Aspekte zu Mary Richmonds Verständnis der Sozialen Diagnose sollen hier noch einmal zusammengefasst werden:

Die Datensammlung soll umfassend und multiperspektivisch sein. Fakten müssen im Hinblick auf die zugrunde liegende Fragestellung interpretiert werden, erst das ist der diagnostische Vorgang. Ein interpretatives bzw. verstehendes Vorgehen ist wichtig für das Planen von Interventionen und zur Vermeidung von Fehlinterpretationen. Eine Soziale Diagnose kann unvollständig sein und ist nicht endgültig.

Mit diesen Grundannahmen hat Mary Richmond bereits die wesentlichen Impulse für unser heutiges Verständnis Sozialer Diagnostik gesetzt. Alice Salomon griff die Gedanken von Mary Richmond auf und entwickelte davon ausgehend ihre Überlegungen zu einer systematischen Sozialen Diagnostik, die sie 1926 in ihrem Werk „Soziale Diagnose" veröffentlichte (Salomon, 1926). Sie formulierte Anforderungen an eine diagnostische Zusammenfassung (Salomon, 1947, S. 38):

> „1. Die Darlegung des Notstandes, der sozialen Schwierigkeit, 2. die Darlegung der besonderen Umstände und der Eigenart der Person, durch die sich der Fall von anderen unterscheidet, 3. die Darlegung der Ursachen, die den Notstand herbeigeführt haben, soweit sie in ihrer Bedeutung festzustellen sind, 4. die Möglichkeiten der Hilfe und Hemmungen, mit denen bei der Hilfstätigkeit zu rechnen ist, soweit sie in der Person des Klienten, in seiner unmittelbaren Umgebung oder in der übrigen Umwelt liegen."

Im Ansatz von Alice Salomon werden keine sozial-diagnostischen Instrumente beschrieben. Zu betonen ist ihr Anspruch einer differenzierten Anamnese und Datensammlung sowie deren anschließende Bewertung. Alice Salomon bezieht bei ihren Überlegungen personale Ressourcen und Umweltressourcen mit ein. Das ist auch heute ein zentrales Verständnis Sozialer Diagnostik. Alice Salomon verfolgte mit ihrer Begründung der Notwendigkeit einer Sozialen Diagnose vor allem das Ziel, soziale Hilfen zu professionalisieren. Durch den Einsatz Sozialer Diagnostik sollte die „richtige Auswahl der Hilfe, die sich inzwischen nicht mehr nur in materiellen Hilfen erschöpfte" (Heiner, 2004, S. 12), ermöglicht werden. Bereits 1933 musste Alice Salomon ihre Arbeit nach der Machtübernahme der NSDAP in Deutschland einstellen. 1937 emigrierte sie in die USA, wo sie 1948 verstarb.

## 1.2 Zeit des Nationalsozialismus: Eine Zäsur

Mit der Machtergreifung der Nationalsozialisten und der Errichtung der NS-Diktatur wurde der Prozess der Professionalisierung der Sozialen Arbeit jäh unterbrochen. Die von Alice Salomon 1908 gegründete „Soziale Frauenschule" wurde aufgelöst und der Name der Gründerin wurde verworfen. Bis 1945 wurde die Schule unter nationalsozialistischer Führung als „Schule für Volkspflege" weitergeführt (ASH Berlin, 2023). Die nationalsozialistische Staatsführung beeinflusste direkt die Lehrplangestaltung der „Volkspflegeschulen". Konzepte der Sozialhygiene wurden konsequent von der Lehre der Rassenhygiene abgelöst, welches nun „das zentrale Fach" (Thole, 2012, S. 92) in der Ausbildung darstellte.

Das Verständnis der „Volkspflege" wurde fortan entsprechend der nationalsozialistischen Ideologie ausgelegt. Die sogenannte nationalsozialistische Volkswohlfahrt (NSV) verfolgte drei Hauptziele:

- Als Erstes sollte die öffentliche (materielle) Fürsorge reduziert werden. In der Zeit der Weimarer Republik sei die Fürsorge zu großzügig gewesen und die „Unterhaltsmittel" seien „falsch verteilt" worden. Fürsorge für die „sozial Untüchtigen" sollte „radikal gekürzt" werden (Schilling & Zeller, 2007, S. 45).
- Zweitens wurde die Orientierung am individuellen Verständnis des Einzelfalls, die bei Mary Richmond und Alice Salomon bereits etabliert war, aufgegeben.
- Drittens sollten nur noch „erbgesunde und wertvolle" Familien und „förderungswürdige" Menschen Unterstützung erhalten. Diagnostik wurde zur Unterscheidung der „arischen Rasse" einerseits und von „ungesundem Erbgut" und „kranken Erbströmen" andererseits missbraucht (Schilling & Zeller, 2007, S. 45).

Mit der Unterscheidung in wertvoll und förderwürdig oder sozial untüchtig und förderungsunwürdig wurde eine Klassifizierung wiederbelebt, die mit den Professionalisierungserfolgen zu Beginn des 20. Jahrhunderts bereits überwunden war. Ein aus nationalsozialistischer Sicht wesentlicher Schritt, ihre Ideologie im Staatswesen fest zu verankern, war die Verabschiedung des Gesetzes zur Vereinheitlichung des Gesundheitswesens im Juli 1934. Damit wurden Fürsorgekräfte Mediziner:innen als Hilfskräfte unterstellt. Das amtsärztliche Gutachten wiederum entschied „nicht nur über das Wohl und Wehe einer Person, sondern über das Wohl und Wehe der deutschen Zukunft überhaupt" (Labisch & Tennstedt, 1985, S. 327). Bei der Umsetzung der rassenhygienischen Vorgaben fanden sich in medizinisch verfassten Gutachten „in vielen Fällen wortgetreu die Verhaltensbeobachtungen und Wertungen aus den Gutachten der Fürsorgerinnen" (Thole, 2012, S. 91). Als Folge konnte die Idee einer Sozialen Diagnose „pervertiert und für menschenverachtende, selektive und eugenische Zwecke missbraucht" werden (Gahleitner et al., 2014, S. 8).

Die Rolle der Sozialen Diagnostik als Erfüllungsgehilfin nationalsozialistischer Rassenhygiene, durchgeführt von Fachkräften der Fürsorge, ist hauptursächlich für die langandauernde diagnosekritische Haltung in der Sozialpädagogik und Sozialen Arbeit nach dem Ende der NS-Diktatur.

## 1.3 Nachkriegsjahre: Diagnosekritik und Renaissance

In den unmittelbaren Nachkriegsjahren wurde zunächst keine aufarbeitende Debatte geführt. Maja Heiner (2004, S. 22) beschreibt die Situation im Nachkriegsdeutschland so, dass bis in die 1960er-Jahre der Fokus auf die Bewältigung der „äußeren Notlagen", wie bspw. Verwaisung, Verwitwung, Wohnungsnot und Arbeitslosigkeit, gesetzt wurde. Es herrschten in den Jahren nach Kriegsende noch ähnliche Unterscheidungsmuster wie in der NS-Zeit. Menschen mit unangepasstem Verhalten wurden weiterhin als „arbeitsscheu", „sittlich verwahrlost" oder „unerziehbar" bezeichnet, so Heiner (2004, S. 22). Erst mit dem Beginn der sozialen Bewegungen (z. B. die Friedensbewegung) in den 1960er-Jahren kam es zu einer anderen Deutung unangepassten Verhaltens. Es wurde gleichsam als Ausdruck einer gesellschaftskritischen Haltung gewertet und „viele junge Professionelle der Sozialen Arbeit sahen ihre Aufgabe darin, diesen Widerstand zu unterstützen" (Heiner, 2004, S. 22).

In den 1960er- und 1970er-Jahren richtete sich die diagnosekritische Haltung nicht nur gegen Soziale Diagnosen. Diagnosekritik umfasste ebenso die Bereiche Psychologie und Medizin. Buttner et al. (2018, S. 15) verstehen die kritische Sicht auf Diagnosen zum einen als „Reflex auf die politische Instrumentalisierung von Diagnosen im eugenischen und rassenhygienischen Diskurs", zum anderen aber auch gleichzeitig als Indiz für die emanzipatorischen gesellschaftspolitischen Tendenzen in dieser Zeit. Die starke Ablehnung Sozialer Diagnostik in der Sozialen Arbeit in dieser Zeit hatte zur Folge, dass diagnostische Tätigkeiten vor allem an Medizin und Psychologie delegiert wurden. An professionelle sozial-diagnostische Anschauungen aus Vorkriegszeiten konnte nicht angeknüpft werden und im Handlungsrepertoire der Sozialen Arbeit lagen die diagnostischen Kompetenzen brach. Die Delegation Sozialer Diagnostik an andere Disziplinen bewirkte, dass diagnostische Methoden und Instrumentarien mit dem spezifischen Blick der Psychologie bzw. Medizin entwickelt wurden. Die für die Soziale Arbeit wichtigen Perspektiven, wie z. B. die Lebensweltorientierung, fanden in den psychologischen bzw. medizinischen Diagnosen verständlicherweise kaum Berücksichtigung.

Für das Wiedererstarken der Sozialen Diagnostik können mehrere Gründe als ursächlich angeführt werden. Zunächst wurde mit der Akademisierung der Sozialen Arbeit ab den 1970er-Jahren und der aufkommenden Debatte um eine Wissenschaft der Sozialen Arbeit ab den 1980er-Jahren immer wieder auch die Rolle Sozialer Diagnosen im Professionalisierungsdiskurs aufgegriffen. Zusätzlich entstand im Handlungsfeld der Jugendhilfe ein zunehmender Legitimationsdruck für „konkrete Entscheidungen im Kinderschutz" (Buttner et al., 2018, S. 17) und dieser befeuerte die Debatte um die Diagnostik in der Sozialen Arbeit. Aus dem Bereich der Sozialpsychiatrie, wo seit den 1970er-Jahren seitens der Medizin die Mitbehandlung des sozialen Umfelds von Patient:innen diskutiert wurde, warfen Vorstellungen der „Enthospitalisierung chronisch psychisch Kranker" (Buttner et al., 2018, S. 17) Fragen nach einem sozialen Netzwerk und nach Teilhabe auf, die durch die Soziale Arbeit professionell aufgegriffen werden könnten. Schließlich gab es seit den 1990er-Jahren einen verstärkten ökonomischen Druck in Richtung der Sozialen Arbeit. Der Wechsel von der Input- zu einer Output-Steuerung hatte einen „gestiegenen Anspruch an die Wirtschaftlichkeit Sozialer Arbeit" (Buttner et al., 2018, S. 17) zur Folge. Der Diskurs um die Qualität, Effektivität und Effizienz sozialarbeiterischer Interventionen unterstützte eine Debatte darüber, inwiefern Soziale Diagnostik plausibilisierend und interventionsplanend verstanden werden kann. Seit Mitte der 1990er-Jahre ist bei der Fachdebatte um die Soziale Diagnostik ein deutlicher Aufschwung zu konstatieren. Zahlreiche Publikationen erschienen, Fachtagungen wurden etabliert und der Gegenstand der Sozialen Diagnostik wurde in Ausbildungscurricula integriert. Es gibt bereits eine Vielzahl von sozial-diagnostischen Methoden und Instrumentarien, die stetig erweitert und überarbeitet werden.

## 1.4 Aktuelle wissenschaftliche Einordnung

Gegenwärtig sehen Buttner et al. (2018, S. 18) einen Konsens in der professionellen Debatte über Soziale Diagnostik darin, dass Soziale Arbeit „verlässliche, methodisch und empirisch fundierte Ausgangspunkte für ihre Interventionen braucht". Dabei sei die Soziale Diagnostik in der Lage, diese Ausgangspunkte unter den genannten Kriterien zu bestimmen. Die Durchführung Sozialer Diagnostik durch Fachkräfte der Sozialen Arbeit wird mittlerweile wieder als professioneller Standard betrachtet, der bestimmten Qualitätsmerkmalen entsprechen soll (Staub-Bernasconi, 2007; Nauerth, 2016; Buttner et al., 2018). Mehr dazu findet sich im Kapitel „Soziale Diagnostik und ihre Qualitätsstandards" in diesem Buch (siehe S. 17ff.). In vielen Curricula der Sozialen Arbeit wird die Soziale Diagnostik berücksichtigt. Die plausibilisierende und interventionsvorbereitende Funktion Sozialer Diagnostik wird übereinstimmend angenommen. Im aktuellen Verständnis Sozialer Diagnostik wird betont, dass die Vorstellung eines methodischen und prozesshaften Geschehens im Vordergrund steht und nicht das Ergebnis. Sozialen Diagnosen wird ein Hypothesencharakter zugesprochen. Die Situation oder das Problem soll systematisch erfasst, analytisch durchdrungen und interpretiert werden. Zu dieser objektivierend-interventionsgerichteten Seite gehört als Komplementär eine interpretierend-verstehende Seite. Was als zu lösendes Problem oder als zu klärende Fragestellung definiert wird, sollte nach Möglichkeit stets in einem kooperativen Prozess zwischen Klient:in und Fachkraft bestimmt werden (Buttner et al., 2018, S. 23).

Der jüngere Diskurs Sozialer Diagnostik ist unter anderem dahingehend geprägt, dass Folgendes zu hinterfragen ist:

- Welche strukturellen Durchführungsbedingungen finden sich in der Praxis (vgl. dazu Röh, 2018)?
- Worauf beziehen sich Interpretationen und wo sollten sie begrenzt werden? Wie weit werden Einzelfälle abstrahiert? Wie soll bzw. soll überhaupt der Einfluss anderer Disziplinen zugelassen werden? Inwiefern kann die soziale Dimension fokussiert werden (vgl. dazu Buttner et al., 2018, S. 18)?
- Wie können komplexe Gegenstandsbereiche so erfasst werden, dass sie eine individuelle Bewältigung ermöglichen und Teilhabesicherung erlauben (vgl. dazu Nauerth, 2018)?
- Wie können die Herausforderungen der Sozialen Diagnostik in der Lehre umfassend berücksichtigt werden (vgl. dazu Rademaker, 2018)?
- Wie können Qualitätskriterien implementiert und Wirksamkeitsindikatoren definiert werden (vgl. dazu Forschungsprojekt „QuaSoDia", Rademaker, 2023)?

Die Liste der Fragen, die die aktuelle fachliche Auseinandersetzung skizzieren, ist hierbei keinesfalls als vollständig zu verstehen. Sie dokumentiert aber die Spanne des Diskurses, der von der Praxis über konzeptionelle/theoretische bis hin zu wissenschaftlichen/forschungsbezogenen Themen reicht.

# 2 Soziale Diagnostik und ihre Qualitätsstandards

Von Maja Heiner (2014, S. 28) wurden vier professionsbegründete Prinzipien eines diagnostischen Fallverstehens herausgearbeitet (Abb. 1). Diese fußen auf fundamentalen Grundsätzen des Professionsverständnisses der Sozialen Arbeit. Hier sind professionelle Ansprüche zusammengefasst, die als Qualitätskriterien dafür herangezogen werden können, wie Soziale Diagnostik durchgeführt wird, welche Funktion sie erfüllen und wie sie in die sozialarbeiterische Praxis eingebettet sein soll. Diese Prinzipien bilden das professionelle Selbstverständnis der Sozialen Arbeit über diagnostisches Fallverstehen ab und legen somit gleichsam Qualitätsstandards für Soziale Diagnostik fest. Im Folgenden werden die vier Prinzipien genauer erklärt.

- **Partizipativ:** Soziale Diagnostik soll partizipativ ausgerichtet sein. Das heißt, das Verständnis einer Problemlage, Fragestellung oder ein zu klärendes Problem ist im Dialog zwischen Klient:innen und Fachkräften zu erheben und Ziele sind gemeinsam auszuhandeln. Dieses koproduktive, aushandlungsorientierte und beteiligungsfördernde Vorgehen ist auch dann beizubehalten, wenn abweichende Auffassungen zwischen Fachkraft und Klient:innen bestehen.
- **Sozialökologisch:** Unter sozialökologischer Ausrichtung wird verstanden, dass Individuen und deren aktuelle Situation immer im Kontext ihres Lebensumfeldes zu sehen sind. Die sozialökologische Orientierung bildet einen grundlegenden Auftrag Sozialer Arbeit ab: „zwischen Individuum und Gesellschaft zu vermitteln" (Heiner, 2014, S. 28).
- **Multi- und mehrperspektivisch:** Multiperspektivisch bedeutet, dass unterschiedliche Aspekte innerhalb einer Problemlage berücksichtigt werden. So können komplexe Konstellationen erkannt und in die Bearbeitung einbezogen werden. Wichtig ist hier zu betonen, dass in der multiperspektivischen Betrachtung in einem Fall nicht nur defizitäre Aspekte bestimmt, sondern auch Ressourcen als Teilaspekte festgehalten werden sollen.

  Mehrperspektivisch bezieht sich auf die Betrachtung des präsentierten Problems bzw. der Fragestellung aus verschiedenen Blickwinkeln. Diese können von unterschiedlichen Quellen bezogen werden (andere Professionen, Personen aus dem Umfeld), es können aber auch unterschiedliche Zeitbezüge erfasst werden (aktuelle und historisch-biografische Darstellung).
- **Reflexiv:** Mit der Einhaltung der reflexiven Orientierung wird sichergestellt, dass Soziale Diagnosen immer einen Hypothesencharakter tragen, revidierbar und veränderlich sind. Hier wird der Prozesscharakter Sozialer Diagnostik deutlich. Es hängt von der aktuellen Situation, von Beziehungskonstellation und vom Zugang zu Informationen ab, wie eine bestimmte Situation im Hinblick auf eine Fragestellung bewertet werden kann. Das heißt, sozial-diagnostische Einschätzungen sollen immer wieder neu hinterfragt und überprüft und bei Bedarf verändert werden.

| **Partizipative Orientierung** | **Multi- u. mehrperspektivische Orientierung** |
| --- | --- |
| • dialogisch<br>• aushandlungsorientiert<br>• beteiligungsfördernd | • konstruktivistisch<br>• multidimensional<br>• historisch/biografisch |
| **Sozialökologische Orientierung** | **Reflexive Orientierung** |
| • interaktionsbezogen<br>• umfeldbezogen<br>• infrastrukturbezogen | • rekursiv<br>• informationsanalytisch<br>• beziehungsanalytisch<br>• falsifikatorisch |

Abb. 1: Professionsbegründete Prinzipien diagnostischen Fallverstehens (eigene Darstellung nach Heiner, 2014, S. 28)

Bei allen Konzepten, Methoden und Techniken, die in der Sozialen Diagnostik zum Einsatz kommen, sollen diese vier grundlegenden Prinzipien beachtet und realisiert werden. Somit ist gewährleistet, dass die aus der Profession der Sozialen Arbeit begründeten Prinzipien als Qualitätsstandards in sozial-diagnostische Praxen einfließen. Das heißt konkret, dass diagnostisches Arbeiten in der Sozialen Arbeit immer partizipativ, sozialökologisch, multi- und mehrperspektivisch sowie reflexiv angelegt werden muss, um den Qualitätsstandards Sozialer Diagnostik zu entsprechen.

# 3 Funktionen Sozialer Diagnostik

Wird auf das aktuelle Verständnis Sozialer Diagnostik zurückgegriffen, können zwei grundlegende Funktionen beschrieben werden: eine interventionsvorbereitende und eine interventionsplausibilisierende.

**Interventionsvorbereitung:**
Blicken wir zunächst auf die Ebene der Interventionsvorbereitung. Die Durchführung von Sozialer Diagnostik ermöglicht es Fachkräften, individuelle Bedarfe und Bedürfnisse lebenswelt- und lebenslagenbezogen zu analysieren und zu verstehen (Pauls, 2013; Nauerth, 2018; Pantucek-Eisenbacher, 2019b). Wird durch eine sozialarbeiterische Fachkraft ein Unterstützungsbedürfnis oder ein Bedarf erkannt, werden Entscheidungen dahingehend notwendig, wie in diesem speziellen Fall interveniert werden soll. Pantucek-Eisenbacher (2019b, S. 112) formuliert dies als „fallbezogene Entscheidungen", die getroffen werden müssen. Darauf fußend werden Interventionen angebahnt, die zur Bewältigung der identifizierten Fragestellung führen sollen. D. h., die Soziale Diagnostik wird vorbereitend für die Interventionsplanung eingesetzt.

**Interventionsplausibilisierung:**
Die zweite Funktion Sozialer Diagnostik besteht in der Plausibilisierung von getroffenen Entscheidungen für fallbezogene Interventionen. Dabei sind unterschiedliche Richtungen der Begründung fallbezogener Interventionen zu unterscheiden. Einerseits kann es innerhalb der eigenen Profession notwendig werden, fallbezogen zu veranschaulichen, weshalb in einer bestimmten Weise vorgegangen werden soll. Pantucek-Eisenbacher (2019b, S. 113) sieht dies etwa als erforderlich an, wenn geplante Interventionen von „Traditionen der Organisation" abweichen und innerhalb der eigenen Profession somit als „nonkonform" begriffen würden. Eine Plausibilisierung von Interventionen ist gegenüber Finanziers sozialer Dienstleistungen relevant. Mithilfe einer gründlichen Darlegung von Problemstellung und geplanter interventioneller Entgegnung können Dauer, Umfang und Art von notwendigen Maßnahmen erklärt und begründet werden. Eine dritte Seite, die bei der Plausibilisierung von Interventionen berücksichtigt werden muss, sind die Unterstützung suchenden Personen selbst. Dieser Anspruch liegt einerseits in den professionsbezogenen Prinzipien diagnostischen Fallverstehens, die wir bereits erläutert haben. Soziale Diagnostik soll partizipativ sein. Das schließt mit ein, dass geplante Interventionen für Klient:innen plausibel sind. Es ist mit einer erfolgreicheren Umsetzung geplanter Interventionen zu rechnen, wenn die Personen, die von den Interventionen betroffen sind, von deren Sinnhaftigkeit überzeugt sind. Die Plausibilisierung von Interventionen ist noch in weitere Richtungen denkbar. So können bspw. auch Angehörige von Unterstützung suchenden Personen ein fallbezogenes Interesse an geplanten Interventionen haben. Es ist aber auch ein Einfluss auf

der Makroebene vorstellbar, etwa, wenn es um die Umsetzung von Unterstützungsprogrammen oder die Implementierung von Konzepten in bestimmten Handlungsfeldern geht.

Neben den beiden grundlegenden Funktionen der Vorbereitung und Plausibilisierung von Interventionen lassen sich noch fallverlaufsspezifische Funktionen Sozialer Diagnostik unterscheiden. Heiner (2014) orientiert sich dabei am Grad der Standardisierung von fallbezogenen Informationen. Darunter wird erstens die „Zahl der kategorisierten Phänomene" (Heiner, 2014, S. 25) verstanden. Dies wird auch als „Reichweite der Aussagen" bezeichnet. Zweitens wird der Präzisionsgrad der kategorisierten Phänomene bestimmt. Heiner nennt dies die „Präzision der Kategorien" (Heiner, 2014, S. 25). Beide Standardisierungsgrößen (Reichweite und Präzision) können in eine geringe, eine mittlere und eine hohe Ausprägung differenziert werden. Nach Heiner (2014) lassen sich vier unterschiedliche Funktionen Sozialer Diagnostik in einem Fallverlauf bestimmen (Abb. 2).

| **Funktion** | **Standardisierung** | |
|---|---|---|
| | ***Reichweite der Aussagen*** | ***Präzision der Kategorien*** |
| **Orientierungsdiagnostik** | hoch | gering |
| **Zuweisungsdiagnostik** | mittel | mittel |
| **Gestaltungsdiagnostik** | hoch | gering |
| | selektiv gering | hoch |
| **Risikodiagnostik** | begrenzt | hoch |

Abb. 2: Standardisierungsgrad diagnostischer Verfahren, eigene Darstellung nach Heiner, 2014, S. 26

- **Orientierungsdiagnostik:** Wird eine Vielzahl von Phänomenen mit einer eher geringen Präzision erfasst, kann ein Überblick über eine zu bearbeitende Fragestellung erlangt werden. Dies wird als „Orientierungsdiagnostik" (Heiner, 2014, S. 26) bezeichnet. Stellen Sie sich bspw. vor, eine Person kommt erstmalig in eine niederschwellige soziale Einrichtung. Sie sollen als sozialarbeiterische Fachkraft herausfinden, welches Anliegen diese Person hat und ob bzw. wie dies durch Ihre Einrichtung unterstützt werden kann. Hier ist es sinnvoll, zunächst für viele Bereiche des Lebensumfeldes dieser Person Informationen zu erheben, um einen Überblick – eine Orientierung – über deren aktuelle Situation zu erhalten. So können Problemfelder bestimmt werden. In der Orientierungsdiagnostik wird auch ersichtlich, welche Informationen zur Bearbeitung der Probleme gezielt eingeholt werden müssen.
- **Zuweisungsdiagnostik:** Soll bestimmt werden, welche Unterstützungsangebote für einen speziellen Fall geeignet sind, kann eine „Zuweisungsdiagnostik" (Heiner, 2014, S. 26) erfolgen. Dafür werden bereits bestimmte Phänomene in der Erhe-

bung ausgeklammert, von denen angenommen wird, dass sie für die Bearbeitung der Fragestellung nicht relevant sind. Ein höherer Präzisionsgrad der erhobenen Informationen als bei der Orientierung in einem Fall ist notwendig. Das heißt, die Informationen, von denen angenommen wird, dass sie für die Bearbeitung der Problem- oder Fragestellung relevant sind, müssen präziser erfasst werden, um spezifische Unterstützungsbedarfe erkennen und vorbereiten zu können. Bspw. kann eine Zuweisungsdiagnostik erforderlich sein, wenn Sie als sozialarbeiterische Fachkraft bemerken, dass Ihre niederschwellige Einrichtung das Anliegen der Person nicht bearbeiten kann, weil möglicherweise ein spezialisiertes Unterstützungsangebot benötigt wird. Hat die Person bspw. Schulden, so wäre gezielt nach Phänomenen zu fragen, die mit der Schuldenproblematik in Zusammenhang stehen. Andere Lebensbereiche der Person sind dagegen weniger relevant, etwa das Ernährungsverhalten (sofern es nicht direkt mit der Schuldenproblematik in Zusammenhang steht).

- **Gestaltungsdiagnostik:** Der Zweck der „Gestaltungsdiagnostik" (Heiner, 2014, S. 26) ist die Bestimmung der konkreten Abfolge – der Ausgestaltung – der Interventionen in einem Fallverlauf. Um Interventionen planen zu können, kann es einerseits hilfreich sein, eine umfassende Anzahl an Phänomenen mit einer geringen Präzision zu erfassen, so wie dies bei der Orientierungsdiagnostik passiert. Andererseits kann es in einem Fallverlauf erforderlich werden, eine geringe Anzahl von ausgewählten Phänomenen mit einer hohen Präzision zu erheben, um eine gezielte Unterstützung planen zu können. Dies kann bspw. notwendig werden, wenn in einem Fall, wo bereits Interventionen stattfinden, neue Herausforderungen hinzukommen oder sich Bedingungen in der Lebenssituation der Unterstützung suchenden Person verändern. Stellen wir uns vor, die Person aus unserem Beispiel ist bereits in die Schuldnerberatung eingebunden und bestimmte Interventionen sind gesetzt, als offensichtlich wird, dass die Person ihr gesamtes Monatseinkommen sofort nach Erhalt in einem Casino verspielt hat. Der Schuldnerberatungsstelle war von einem Spielverhalten bislang aber nichts bekannt. Hier wäre es notwendig, gezielt das Spielverhalten zu eruieren und Interventionen anzupassen.
- **Risikodiagnostik:** Schließlich definiert Heiner (2014, S. 26) noch die „Risikodiagnostik". Hier geht es um die Abklärung vorhandener Gefahrenpotenziale. Dafür ist es notwendig eine begrenzte Anzahl an spezifischen Phänomenen mit einem hohen Präzisierungsgrad vor dem Hintergrund einer eng umgrenzten Fragestellung zu beurteilen. Wenn bspw. eingeschätzt werden soll, ob von einer bestimmten Person aktuell eine selbst- oder fremdverletzende Gefahr ausgeht, ist es vermutlich nicht zielführend, in dem Moment eine umfassende Darlegung des gesamten Ausbildungshintergrundes vorzunehmen.

# 4 Theoretische Fundierung Sozialer Diagnostik

Theorien sind für die Soziale Diagnostik in doppelter Hinsicht relevant. Zum einen ergeben sich durch das Heranziehen bestimmter theoretischer Grundlagen für den jeweils vorliegenden Fall und dessen Kontext spezifische Schwerpunkte und handlungsleitende Fragestellungen. Andererseits erklären Theorien auch, welche Umstände und Problemkonstellationen überhaupt als Fall deklariert werden. Je nach theoretischem Zugrundelegen kann dies zu unterschiedlichen Fallkonstruktionen und zu divergierendem Fallverständnis führen.

Verdeutlichen wir dies an einem simplen Beispiel: Stellen Sie sich vor, das Dach eines Hauses brennt. Theorien liefern – wie oben erwähnt – einerseits handlungsleitende Fragestellungen und andererseits die Konstruktion einer Problemkonstellation. Bleiben wir bei der ersten Funktion: Theorien über brennende Dächer versorgen Personen, die löschen wollen, mit handlungsleitenden Fragestellungen. Dazu gehören bspw. solche: Wie effektiv ist das Löschmittel bei einem brennenden Dach? Wohin muss das Löschmittel verbracht werden, um das Feuer zu löschen? Von welcher Stelle aus können Löschversuche unternommen werden? Usw. Die zweite Funktion von Theorien hilft bei der Konstruktion eines Problemverständnisses. In unserem Beispiel wäre es somit möglich, theoretisch zu erklären, warum das brennende Dach überhaupt ein Problem darstellt.

Das Beispiel zeigt, dass unterschiedliche Theorien herangezogen werden können. Die gewählten theoretischen Grundlagen müssen sich dabei auf die vorzufindenden Umstände beziehen lassen. Im Beispiel des brennenden Daches wäre es nicht sinnvoll, Theorien über Gartengestaltung oder über die denkmalgerechte Sanierung von Häusern heranzuziehen. Was heißt das, übertragen auf die theoretische Fundierung Sozialer Diagnostik? Die Kenntnis einer Vielzahl theoretischer Grundlegungen ermöglicht eine Auswahl jener theoretischen Aspekte, die zu sinnvollen handlungsleitenden Fragestellungen führen und ein Problemverständnis konstruieren. Sich nur auf eine Theorie beziehen zu können schränkt den Handlungsspielraum und das Problemverständnis dagegen stark ein.

Eine Vielzahl von sozialarbeitsbezogenen Theorien lässt sich mit Sozialer Diagnostik verknüpfen. Aus Kapazitätsgründen kann die Fülle an möglichen theoretischen Fundierungen für die Soziale Diagnostik hier nicht umfänglich dargestellt werden.

Daher werden im nun folgenden Kapitel zwei theoretische Perspektiven ausgewählt, die für die theoretische Fundierung Sozialer Diagnostik besonders geeignet sind: der Lebensbewältigungsansatz von Lothar Böhnisch (2016) und das Systemtheoretische Paradigma von Silvia Staub-Bernasconi (2007). Beide theoretischen Ansätze können auf eine Vielzahl von klinisch-sozialarbeiterischen Fragestellungen bezogen werden und stellen ein relevantes theoretisches Grundgerüst für die Soziale Diagnostik dar.

## 4.1 Der Lebensbewältigungsansatz

### 4.1.1 Grundlagen

Das Konzept der Lebensbewältigung wurde von Lothar Böhnisch (2016) entwickelt. Einen wichtigen theoretischen Bezug dafür stellt die Lebensweltorientierung von Hans Thiersch et al. (2012) dar. Böhnisch selbst (2016, S. 11) versteht den Lebensbewältigungsansatz als Theorie-Praxis-Modell.

Es thematisiert das individuelle Streben nach psychosozialer Handlungsfähigkeit in kritischen Lebenskonstellationen und das Bewältigungsverhalten von Individuen.

Soziale Arbeit ist im Verständnis des Lebensbewältigungsansatzes grundsätzlich mit solchen kritischen Lebenskonstellationen befasst. Menschen, die aufgrund von kritischen Lebenssituationen in ihrer Handlungsfähigkeit beeinträchtigt werden, befinden sich in einem Ungleichgewicht hinsichtlich ihres Bestrebens nach sozialer Anerkennung, Selbstwirksamkeit, Sicherung des Selbstwertes und der Möglichkeit, die kritische Lebenssituation zu bewältigen. Hier kann die Soziale Arbeit unterstützend einwirken.

Das Besondere am Konzept der Lebensbewältigung ist, dass es sich nicht auf die bloße Betrachtung des Individuums beschränkt, sondern in gleichem Maße auch eine sozial-dynamische und gesellschaftliche Sphäre berücksichtigt. Böhnisch (2016, S. 49) folgt hier einem Verständnis des Individuums, das „den Menschen in seiner Einheit von Psyche und Sozialität" begreift. Im Lebensbewältigungsansatz werden drei Dimensionen beschrieben (Abb. 3).

1. Die erste Dimension erfasst psychodynamische Prozesse (Böhnisch, 2016, S. 11). Dazu gehören das Streben nach sozialer Anerkennung und Selbstwirksamkeit in kritischen Lebenssituationen, Selbstwert erhaltende Bestrebungen, der Versuch der Aufrechterhaltung der Handlungsfähigkeit sowie der Umgang mit innerer Hilflosigkeit.
2. Die zweite Dimension bezeichnet Böhnisch (2016, S. 12) als „soziodynamische/interaktive Dimension". Darin erfasst er sog. „Bewältigungskulturen" innerhalb von Mikro- und Mesosystemen wie Familie, Arbeitswelt, Schule oder sozialen Gruppen, in denen sich Individuen bewegen.
3. Die dritte Dimension des Theorie-Praxis-Modells des Lebensbewältigungsansatzes ist die gesellschaftliche Dimension. Auf der Makroebene werden das sozialpolitische Konzept der Lebenslage und der sozialpädagogische Zugang dazu zu einer „Bewältigungslage" (Böhnisch, 2016, S. 12) zusammengeschlossen. Bewältigungslagen können demnach wiederum in vier Dimensionen unterteilt werden:
   - Ausdruck (Thematisierung) der Lebenslage
   - Abhängigkeit
   - Aneignung
   - Anerkennung

Die Dimensionen der Bewältigungslage sind eine wichtige methodische Anschlussstelle für die Soziale Diagnostik.

<table>
<tr><td>Dimension 1</td><td colspan="2">Psychodynamische Prozesse</td></tr>
<tr><td>Dimension 2</td><td colspan="2">Soziodynamische/interaktive Prozesse</td></tr>
<tr><td rowspan="4">Dimension 3</td><td rowspan="4">Gesellschaftliche Prozesse mit den Bewältigungslagen</td><td>1. Dimension der Bewältigungslage: Ausdruck</td></tr>
<tr><td>2. Dimension der Bewältigungslage: Abhängigkeit</td></tr>
<tr><td>3. Dimension der Bewältigungslage: Aneignung</td></tr>
<tr><td>4. Dimension der Bewältigungslage: Anerkennung</td></tr>
</table>

Abb. 3: Dimensionen des Lebensbewältigungsansatzes (Böhnisch, 2016), eigene Darstellung

Die gesellschaftlichen Bedingungen mitsamt ihren Veränderungen und Umbrüchen bilden sich in den Lebensverhältnissen ab. Dabei ist zunächst nicht die individuelle Lage einzelner Personen gemeint, sondern Böhnisch (2016, S. 93) betont, dass die Lebensverhältnisse in Bezug zur „Sozialstruktur der Gesellschaft" zu setzen sind. Die sozialstrukturelle Einbettung der Lebensverhältnisse wird als Lebenslage verstanden. Die Soziale Arbeit agiert personbezogen unter genauer Kenntnis und Berücksichtigung lebenslagenbezogenen sozialstrukturellen Wissens (Böhnisch, 2016, S. 94).

Das Konstrukt der Bewältigungslagen lässt sich als Brückenkonzept zwischen Lebenslage und Lebensbewältigung einordnen. D.h., es kann erklärt werden, wie Menschen ihre individuelle Handlungsfähigkeit auf die sie aktuell umgebenden Lebensverhältnisse richten. Die individuelle Handlungsfähigkeit und das Streben danach werden der ersten und zweiten Dimension des Lebensbewältigungsansatzes zugeordnet. Die Lebenslagen dagegen sind in der dritten Dimension repräsentiert.

Wie kann die Verknüpfung der drei Dimensionen des Lebensbewältigungsansatzes nun plausibel begründet werden? Als theoretische Klammer für die Verbindung der psychodynamischen, der soziodynamischen und der gesellschaftlichen Dimension innerhalb des Lebensbewältigungsansatzes bezieht sich Böhnisch (2016, S. 90) auf die Arbeiten von Carl Mennicke, einem in den 1920er-Jahren tätigen Sozialpädagogen. Böhnisch (2016, S. 91f.) geht davon aus, dass die gegenwärtige Gesellschaft von Entgrenzungen gekennzeichnet ist. Normalitätsstrukturen innerhalb der Gesellschaft, d.h. Werteordnungen, lebensgeschichtlich zentrale Verknüpfungen von bspw. Identität und

Arbeit sowie andere bislang gültige gesellschaftliche Sicherheiten lösten sich auf, vermischten sich mit neuen oder seien in ihren Grenzen nicht mehr klar zu umreißen. Diese Entgrenzung führe auf der einen Seite zur Eröffnung neuer Optionen, auf der anderen Seite aber gleichzeitig auch zu Orientierungs- und Bewältigungsproblemen. Menschen seien aus herkömmlichen Formen gesellschaftlicher Integration herausgelöst, jedoch gezwungen, diese Freisetzungsprozesse zu bewältigen und dabei handlungsfähig zu bleiben. Damit wird der Bogen über psycho- und soziodynamische sowie gesellschaftliche Prozesse gespannt und die drei Dimensionen des Lebensbewältigungsansatzes werden integriert.

### 4.1.2 Einordnung der Sozialen Diagnostik

Der Lebensbewältigungsansatz bietet zwar selbst keine sozial-diagnostische Methodik an, dennoch beinhaltet er wertvolle Anschlussstellen für die Soziale Diagnostik, auf die im Folgenden näher eingegangen werden soll.

Böhnisch (2016, S. 11) charakterisiert sein Theorie-Praxis-Modell als einen Ansatz, der Hypothesen zum Betroffensein von kritischen Lebenskonstellationen und zu Versuchen der Bewältigung entwickelt und systematisiert. Damit lässt sich hier ein wesentliches Merkmal der Funktion Sozialer Diagnostik festhalten. Das bedarfsgerichtete Verstehen und analytische Durchdringen einer geschilderten Lebenssituation dient der Hypothesenbildung, wie sie im Lebensbewältigungsansatz beschrieben wird. Auch in anderen Begriffsbestimmungen der Sozialen Diagnostik finden sich diese Aspekte des Verstehens und Bewertens von Lebenssituationen wieder. Beispielsweise beschreiben Peter Buttner et al. (2018, S. 22) diese Funktion als „kriteriengeleitete Sammlung und Bewertung derjenigen Informationen über die soziale Lage von Klient/innen bzw. Gruppen von Klient/innen, die für die Einschätzung der Notwendigkeit, Dringlichkeit und Intensität" von sozialarbeiterischen Interventionen notwendig sind.

Damit erweitern Buttner et al. (2018, S. 22) die Hypothesenbildung um den Schritt der Ableitung notwendiger Interventionen. Im Lebensbewältigungsansatz findet sich ebenfalls eine Erklärung, welchem Zweck die Hypothesen dienen, die zum Betroffensein von kritischen Lebenskonstellationen entwickelt werden. Die gewonnenen Erkenntnisse aus der Hypothesenbildung sollen „diagnostisch brauchbar" gemacht und „konkrete Handlungsaufforderungen" (Böhnisch, 2016, S. 11) sollen daraus abgeleitet werden. Handlungsaufforderungen können hier im Sinne von Ableitung von Interventionen verstanden werden.

Die professionsbegründeten Prinzipien als Qualitätsstandards Sozialer Diagnostik finden sich im Lebensbewältigungsansatz wieder. Den drei Dimensionen des Ansatzes sind partizipative, sozialökologische, mehrperspektivische und reflexive Elemente immanent.

Eine mehrperspektivische und sozialökologische Orientierung auf kritische Lebenskonstellationen wird im Lebensbewältigungsansatz möglich, da der Fokus professionellen Interesses nicht nur auf das Individuum gerichtet bleibt, sondern eben auch sozial-interaktive und gesellschaftliche Bedingungen mit in den Blick genommen werden. Die Erfassung von kritischen Lebenskonstellationen und die Ableitung von Handlungsaufforderungen an die Soziale Arbeit dienen innerhalb des Lebensbewältigungsansatzes der Sicherung bzw. Erweiterung oder (Wieder-)Herstellung der Handlungsfähigkeit. Dies kann als Beteiligungsförderung und somit als partizipative Orientierung verstanden werden. Böhnisch (2016, S. 11) erklärt, in der Mehrdimensionalität sei „die reflexive Qualität des Ansatzes“ begründet, da in rückkoppelnden Abläufen immer wieder auch „die Hintergrundbedingungen psychosozialer Arbeit“ zu reflektieren seien. Hier wird die Reflexion über die Grenzen und Möglichkeiten der professionellen Unterstützungsmöglichkeiten angesprochen. Der Lebensbewältigungsansatz erfasst darüber hinaus in seiner psychodynamischen und soziodynamischen Dimension beziehungsanalytische Elemente, weshalb auf diesen Ebenen zusätzlich eine reflexive Orientierung dokumentiert werden kann.

Im Folgenden soll eine methodische Verwertung des Lebensbewältigungsansatzes für die Soziale Diagnostik skizziert werden. Zentrales Anliegen Sozialer Diagnostik ist es, ein präsentiertes Problem zu analysieren, Zusammenhänge zu verstehen und in eine Frage- oder Problemstellung zu integrieren. Anschließend sollen Interventionen abgeleitet und begründet werden. Für ein methodisches Vorgehen sind theoretische Fundierungen hilfreich, um eine systematische Betrachtung eines Problems vorzunehmen.

Das bereits vorgestellte Konzept der Bewältigungslagen im Lebensbewältigungsansatz bietet sich einerseits als eine solche theoretische Perspektive an, andererseits wird aber mit den Bewältigungslagen auch ein methodischer Zugang zu Sozialer Diagnostik möglich.

Die vier Dimensionen der Bewältigungslage (Ausdruck, Abhängigkeit, Aneignung, Anerkennung) stehen in einer wechselseitigen Beziehung zueinander. In der nachfolgenden Übersicht (Abb. 4) sind die Dimensionen von Bewältigungslagen noch einmal ausführlich erklärt.

Somit wird im Konzept der Bewältigungslage deutlich der Bogen von der theoretischen Fundierung hin zur praktisch-methodischen Umsetzung gekennzeichnet. Die systematische Beschreibung nach Dimensionen der Bewältigungslage kann für die Einordnung des präsentierten Problems, die Hypothesenbildung und die Ableitung von Handlungsaufforderungen verwendet werden.

**Ausdruck (Thematisierung) der Lebenslage:** Bezeichnet die Fähigkeit, eine Betroffenheit zu thematisieren, auszusprechen, ihr Ausdruck zu verleihen. Nach Böhnisch (2016, S. 95) haben wir es bei der Ausdrucksfähigkeit „mit einer Grundkonstellation Sozialer Arbeit zu tun, an der sich Diagnose wie Intervention in der Hilfebeziehung zusammenführen lassen".

**Abhängigkeit:** Erfasst einen Spannungsbogen, der von der Abhängigkeit gesellschaftlicher Stabilität, von einem „strukturellen aufeinander-angewiesen-Sein [sic]" der Menschen (Böhnisch, 2016, S. 100) über konflikthafte Machtgefälle in Beziehungen bis hin zu pathologischen Abhängigkeitsverhältnissen am anderen Ende des Spannungsbogens reicht. Soziale Arbeit befindet sich ebenfalls in diesem Spannungsfeld.

**Anerkennung:** Das Streben nach Anerkennung ist untrennbar mit dem Streben nach Handlungsfähigkeit und Selbstachtung verbunden. Der Lebensbewältigungsansatz erkennt Formen der Suche nach Anerkennung an, die destruktive und antisoziale Auffälligkeiten einschließen. Anerkennung wird zum interpersonalen Medium, das sich in der Haltung sozialarbeiterischer Fachkräfte widerspiegelt.

**Aneignung:** Beschreibt einerseits Prozesse in einer sozialräumlichen Lesart. Soziale Arbeit soll Hilfebeziehungen so gestalten, dass Erweiterungen der Hilfebeziehungen über Milieubildungen und lokale Netze möglich werden. Andererseits wird der Aneignungsbegriff um Aspekte kultureller Praktiken erweitert. Dazu zählen im Lebensbewältigungsansatz bspw. auch Arbeitsverhältnisse.

Abb. 4: Vier Dimensionen von Bewältigungslage: Die vier A (eigene Darstellung orientiert an Böhnisch, 2016, S. 95ff.)

Abschließend seien hier die wichtigsten Aspekte zum Lebensbewältigungsansatz und zu dessen Einordnung in der Sozialen Diagnostik festgehalten. Der Lebensbewältigungsansatz bietet theoretische Zugänge für sozial-diagnostische Fallanalysen und Methodiken an:

1. Die interventionsvorbereitende Funktion Sozialer Diagnostik lässt sich anhand des Lebensbewältigungsansatzes darlegen.
2. Die professionsbegründeten grundlegenden Prinzipien Sozialer Diagnostik finden sich im Lebensbewältigungsansatz wieder.
3. Die Dimensionen der Bewältigungslage bieten eine Möglichkeit der systematischen Beschreibung von kritischen Lebenskonstellationen und können als Grundlage für sozial-diagnostische Methoden und Verfahren dienen.

## 4.2 Das Systemtheoretische Paradigma

### 4.2.1 Grundlagen

Dem systemischen Paradigma (Staub-Bernasconi, 2007) liegt im Vergleich zum individualistischen oder soziozentrisch-holistischen Paradigma ein Menschenbild zugrunde, das Menschen als psychobiologische Systeme begreift. Es wird davon ausgegangen, dass Menschen über sich selbst reflektieren können, d. h., sie wissen, „dass sie wissen – fühlen, urteilen, denken und handeln [ ]“ (Staub-Bernasconi, 2007, S. 170). Außerdem ist den Menschen bewusst, dass sie „psychische, soziale und kulturelle Gegebenheiten“ (Staub-Bernasconi, 2007, S. 170) mittels Erkenntnis- und Handlungskompetenzen, über die sie verfügen, produzieren und verändern können. Ein in der Sozialen Diagnostik anwendbarer Bestandteil des systemischen Paradigmas ist die eingebettete Bedürfnistheorie. Silvia Staub-Bernasconi (2007, S. 170ff.) entwickelt diese wie folgt: Aufgrund der Fähigkeit über sich selbst zu reflektieren sind Menschen grundsätzlich in der Lage über ihren inneren Zustand zu urteilen. Dabei werden Abweichungen von einem befriedigenden Zustand (Wohlbefinden) als Defizite registriert und der Mensch versucht diese zu kompensieren. Die Kompensation sei ein nach außen gerichtetes Verhalten, das auf die Wiederherstellung eines befriedigenden Zustands gerichtet sei. Jedes Verhalten sei dabei üblicherweise von mehreren Bedürfnissen gleichzeitig motiviert. Bedürfnisse werden in biologische, psychische oder soziale Bedürfnisse unterschieden. Menschen sind nach der Auffassung der Bedürfnistheorie im systemischen Paradigma auch dazu fähig, Versuche der Bedürfniserfüllung zu unterdrücken oder aufzuschieben.

Bedürfnisunterdrückung oder Bedürfnisaufschub passieren dann, wenn „die Situation als hinderlich oder bedrohlich beurteilt wird“ (Staub-Bernasconi, 2007, S. 170). Staub-Bernasconi (2007, S. 171) gibt zu bedenken, dass es Bedürfnisse gibt, deren Befriedigung „keinen oder wenig Aufschub“ dulden. Dazu gehören einerseits solche, die bei Versagen der Befriedigung zum Kollaps des Organismus führen würden (z. B. Sauerstoff, Nahrung). Andererseits werden bspw. auch Bedürfnisse nach Anerkennung und Gerechtigkeit den unaufschiebbaren Bedürfnissen zugeordnet. Unbefriedigte Bedürfnisse gehen nach Auffassung dieser Bedürfnistheorie immer mit negativen Folgen für das Individuum und oftmals auch für dessen soziokulturelles Umfeld einher. Dem Menschen wird im systemischen Paradigma eine aktive Rolle zugeschrieben. Individuen haben in dieser Auffassung nicht nur ein Bewusstsein über die eigene Bedürftigkeit, sondern auch die Fähigkeit zu bewerten, inwiefern die „Sozialstruktur und die Kultur sozialer Systeme, in welchen sie Mitglied sind“ (Staub-Bernasconi, 2007, S. 173), ihnen die Chance bieten, ihre Bedürfnisse zu befriedigen. In diese Bewertung fließen Einschätzungen des Verhältnisses von Rechten versus Belohnungen und Pflichten versus Lasten ein. Auf dieser Bewertung gründen sich Konstrukte wie Privilegierung (mehr

Rechte als Pflichten) oder Benachteiligung und Diskriminierung (mehr Pflichten/Lasten als Rechte/Belohnungen). Die Bewertungen über unbefriedigte Bedürfnisse können darin münden, dass andere Bedürfnisse kompensatorisch befriedigt oder Anstrengungen unternommen werden, die Sozialstruktur bzw. die Kultur sozialer Systeme so zu verändern, dass dann eine Befriedigung möglich wird. Staub-Bernasconi (2007, S. 173) kommt zu der Einschätzung, dass dauerhaft unbefriedigte Bedürfnisse ebenfalls bewältigt werden.

Dafür seien zwei Arten der Bewältigung denkbar:
1. eine innerpsychische Verarbeitung (z. B. die bewusste Reduktion von Ansprüchen) und
2. eine veräußerte Bewältigungsform, die psychische Spannungen nach außen trägt (z. B. Kriminalität, Gewaltbereitschaft, sozialer Protest).

Dem systemischen Paradigma liegt ein Gesellschaftsbild zugrunde, in dem Gesellschaften aus Individuen bestehen, die aufeinander angewiesen sind (Staub-Bernasconi, 2007, S. 175f.). Für die individuelle Bedürfnisbefriedigung und Wunscherfüllung gehen die Mitglieder sozialer Systeme Austauschbeziehungen ein. Die Form und das Ausmaß der individuellen Bedürfnisbefriedigung sind abhängig davon, welche Ressourcen, kulturellen Werte und Zugangsnormen den Mitgliedern des sozialen Systems zur Verfügung stehen. Ein Regelsystem bestimmt die Austauschprozesse. Reguliert wird unter anderem durch

- Ressourcenverteilung,
- Arbeitsteilung,
- Konsensbildung,
- Legitimationsverfahren und Sanktionierungen sowie
- gesellschaftliche Reichweite der Regeln,

um die wichtigsten zu nennen.

Im Systemtheoretischen Paradigma werden Prinzipien der Ungleichheit und Ungerechtigkeit gleichzeitig mit der spezifischen Auffassung von Bedürfnisentstehung und von den Bedingungen der Bedürfnisbefriedigung durch die Art der Austauschbeziehungen erfasst. Es werden drei Arten von Austauschbeziehungen unterschieden:
1. flüchtige bis stabile Austauschbeziehungen,
2. horizontale Austauschbeziehungen im Sinne gleichwertigen Gebens und Nehmens,
3. ungleichwertige oder einseitige Austauschbeziehungen, die ursächlich für Abhängigkeiten sein können.

Diese drei Arten von Austauschbeziehungen können kombiniert auftreten und sind nicht als Entweder-oder zu verstehen. So kann eine einseitige Austauschbeziehung bspw. auch sehr stabil sein. Ist eine Austauschbeziehung ungleichwertig oder einseitig, kann dies ursächlich für Abhängigkeiten sein. Diese Abhängigkeiten können wiederum die Ausgangsbasis für Ungleichheit stabilisierende Verfahren sein (Staub-Bernasconi, 2007, S. 175).

Wenn Menschen in ihrer Bedürfnisbefriedigung behindert sind oder werden, können Ungleichheitsordnungen und Ungerechtigkeitsordnungen entstehen, die sich in verschiedenen lokalen, regionalen und nationalen Systemen reproduzieren können. Austauschprozesse können bspw. über Gewalt, Besitznahme, Herrschaft der Stärkeren u. Ä. sowie partizipativ-konsensual angelegt sein. Sie können aber auch per Dekret durchgesetzt werden, etwa wenn sie Werte, Normen und Gesetze „als kulturell geteilte Codierungen mit den entsprechenden Kontroll- und Sanktionsinstanzen" (Staub-Bernasconi, 2007, S. 176) beinhalten. Solche institutionalisierten Machtstrukturen sind verbindliche Reziprozitätsnormen in Austauschprozessen. Staub-Bernasconi (2007, S. 176f.) geht davon aus, dass jedes Individuum und jede von ihm eingegangene Interaktion unter dem Einfluss von Macht- und Herrschaftsstrukturen steht

### 4.2.2 Einordnung der Sozialen Diagnostik

Vor dem konzeptuellen Hintergrund des Systemtheoretischen Paradigmas der Sozialen Arbeit wird die Soziale Diagnose als „unverzichtbares Element von Professionalität" (Staub-Bernasconi, 2007, S. 287) angesehen. Dieser Kernsatz von Silvia Staub-Bernasconi bildet das Grundverständnis anschaulich ab:

> „Eine professionelle, sozialarbeiterische Diagnose muss von einem theoretisch-wissenschaftlich begründeten Menschen- und Gesellschaftsbild und einer Vorstellung über den Zusammenhang zwischen Individuum und Gesellschaft/Kultur sowie den dabei möglicherweise entstehenden psychobiologischen, psychischen und sozialkulturellen Problemen ausgehen." (Staub-Bernasconi, 2007, S. 288)

Deutlich zeigen sich hier die wesentlichen theoretischen Grundlagen des systemischen Paradigmas. Ausgehend von einem über sich selbst reflektierenden Individuum wird der Bogen über die Vorstellung, wie dessen Einbettung in eine es umgebende Gesellschaft sein soll, dahin gespannt, welche Probleme sich aus ebendieser Einbettung ergeben können. In dieser Auffassung, was Soziale Diagnose ausmacht, sind die Bedürfnistheorie sowie die Dynamik der Austauschprozesse als theoretische Prinzipien fest verankert.

Soziale Diagnostik folgt im Systemtheoretischen Paradigma den vier grundlegenden professionsbegründeten Prinzipien: Sie ist partizipativ, reflexiv, sozialökologisch und multi-/mehrperspektivisch.

In einem partizipativen Vorgehen soll zunächst das Anlassproblem des/der Adressat:in gemeinsam mit der Fachkraft erfasst und eine aktuelle Zustandsbestimmung vorgenommen werden. Als „Standard" bezeichnet Geiser (2018, S. 197) die Erhebung aus einer mehrperspektivischen Sicht, da immer auch Wahrnehmungen der Betroffenen selbst sowie anderer Involvierter mit in die Erfassung der Problemlage einbezogen werden sollen. Das Prinzip der Reflexivität findet sich im Verständnis darin wieder, dass das Erfassen von Sachverhalten und Problemlagen immer vor dem aktuellen Hintergrund bewertet werden soll. Das heißt, getroffene Feststellungen sind immer vorläufig und müssen stets vor der jeweils aktuellen Situation neu reflektiert werden (Geiser, 2018, S. 197). Damit zeichnet sich hier auch das sozialökologische Prinzip ab, das immer von einer Kontextabhängigkeit von Problemen oder Zuständen ausgeht.

Im Verständnis des Systemtheoretischen Paradigmas mündet das oben beschriebene diagnostische Denken und Handeln in einem Befund. Dieser beinhaltet die erfassten relevanten Daten zu einem bestimmten Zeitpunkt mit Gegenüberstellung von Problem- und Ressourcenbeschreibung. Daraus ergeben sich eine Problembestimmung und eine Begründung, warum der erfasste Sachverhalt problematisch ist. Hier fließt die Vorstellung der Bedürfnistheorie ein, dass Abweichungen von einem empfundenen Wohlbefinden als Defizite registriert und zu kompensieren versucht werden. Zusätzlich zur Erfassung der defizitären Abweichung sollen aber auch die Ressourcen der Adressat:innen aus deren Bewertungsperspektive erfasst werden. Mit dem hier beschriebenen Vorgang findet eine Bewertung des Befundes statt. Das Ergebnis dieses Bewertungsvorgangs ist die Soziale Diagnose.

Die Befundbewertung ist von essenzieller Bedeutung. Nur das bloße Formulieren eines Befundes, ohne diesen in Bezug zu den Bedürfnissen der Person zu setzen, würde nicht ausreichen, um Interventionen abzuleiten. Die bedürfnistheoretische Bewertung des Befundes gehört zum „professionellen Wissen" (Geiser, 2018, S. 199). Die Befundbewertung stellt die Frage in den Mittelpunkt, welche Bedürfnisse vom Individuum dauerhaft nicht befriedigt werden können. Hinsichtlich der Bedürfnisse werden zwei Werte unterschieden (Geiser, 2018, S. 199):

1. organismische Werte der Bedürfnisse (beinhalten Aussagen über Möglichkeiten des gesundheitlichen Befindens und des Wohlbefindens)
2. funktionale Werte der Bedürfnisse (erfassen Bedürfnisse nach gesellschaftlicher Integration, Zuwendung, Sicherheit, Bildung etc.)

Die hier vorgestellte Abfolge von Befunderstellung und anschließender Befundbewertung mit dem Ergebnis der Sozialen Diagnose kann als ein methodisches Grundmotiv Sozialer Diagnostik im Systemtheoretischen Paradigma verstanden werden. Vor diesem konzeptuellen Hintergrund wurden bereits zahlreiche diagnostische Instrumente entwickelt.

Im konzeptuellen Verständnis des Systemtheoretischen Paradigmas ergeben sich zwei übergeordnete Funktionen der Sozialen Diagnose: eine interventionsvorbereitende und eine interventionsplausibilisierende Funktion, die bereits in Kapitel 3 erläutert wurden.

- Bei der Vorbereitung von Interventionen stehen Möglichkeiten der Partizipation sowie die Klärung hinsichtlich vorhandener bzw. benötigter Ressourcen im Mittelpunkt. Auch die Entscheidung über Eingriffe in die Privatsphäre „bzw. die Bildung eines Zwangskontextes" (Geiser, 2018, S. 199) kann der übergeordneten Funktion der Interventionsvorbereitung zugerechnet werden.
- Soziale Diagnosen dienen darüber hinaus der Veranschaulichung erhobener Daten und Informationen. Sie stellen eine Entscheidungssicherheit gegenüber Adressat:-innen, professionellen Fachkräften und übergeordneten Instanzen her. Damit erfüllen Soziale Diagnosen eine plausibilisierende Funktion.

Abschließend seien hier die wichtigsten Aspekte zum Systemtheoretischen Paradigma und zu dessen Einordnung in der Sozialen Diagnostik festgehalten:

1. Das Paradigma bietet einen theoretischen konzeptionellen Hintergrund sowie konkrete methodische Ansätze zur Sozialen Diagnostik.
2. Die interventionsvorbereitende und die interventionsplausibilisierende Funktion Sozialer Diagnostik lassen sich anhand des Systemtheoretischen Paradigmas darlegen.
3. Die professionsbegründeten grundlegenden Prinzipien Sozialer Diagnostik finden sich im Systemtheoretischen Paradigma wieder.
4. Wesentliche theoretische Grundlagen, die in das Verständnis Sozialer Diagnostik einfließen, sind die Bedürfnistheorie sowie die Annahme der Dynamik der Austauschbeziehungen.

# 5 Diagnostischer Prozess

Nach der Erörterung historischer und theoretischer Grundlagen folgt in diesem Kapitel die Betrachtung des sozial-diagnostischen Prozesses. Dazu gehören die Fragen danach, wann ein solcher Prozess beginnt und endet, über welche Phasen er sich erstreckt und welche Merkmale einzelner Prozessabschnitte zu beschreiben sind.

## 5.1 Einordnung Sozialer Diagnostik in den Prozess der Fallarbeit

Die Bearbeitung eines Falls kann nach Müller (1997, S. 59) in einem Zyklus von vier methodischen Schritten gedacht werden: Anamnese – Diagnose – Intervention – Evaluation. Dabei ist diese Abfolge nicht linear zu verstehen, sondern zirkular, denn die Evaluation eines Fallprozesses kann in einer erneuten Anamnese münden und so den Beginn eines weiteren Zyklus der Fallarbeit einleiten (Abb. 5).

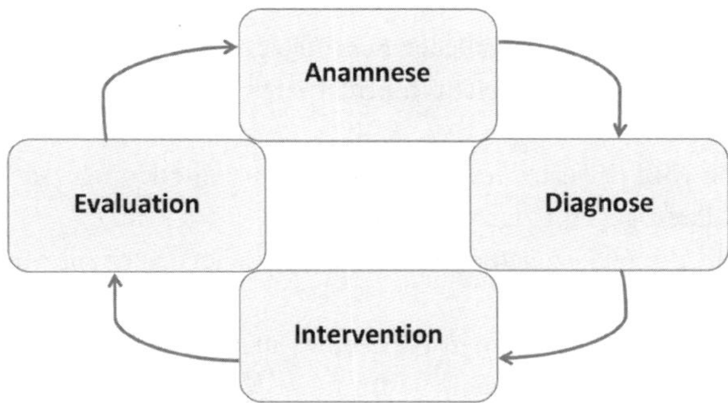


Abb. 5: Allgemeines Prozessschema professioneller Fallarbeit, eigene, vereinfachte Darstellung nach Müller 1997, S. 59

Die Soziale Diagnostik findet nach diesem Modell zwischen Anamnese und Intervention statt. Die Übergänge zwischen den einzelnen Schritten der Fallarbeit sind in der Praxis in der Regel nicht klar zu begrenzen, sondern fließend.

Dennoch können Kernbereiche der einzelnen Phasen beschrieben werden.

### 5.1.1 Anamnese

Während der Anamnese wird zunächst eine Sammlung von fallbezogenen Informationen ohne spezifische Bewertung vorgenommen. Hochuli Freund (2018, S. 217) verweist darauf, dass eine Anamnese in einem Fall niemals als vollständig oder abgeschlossen betrachtet werden kann. Im Fallverlauf können immer wieder neue Informationen hinzukommen, die in die Bearbeitung des Falles integriert werden müssen. Dabei können Informationen auch als irrelevant für die aktuell zu bearbeitende Fragestellung eingestuft und nicht weiter verfolgt werden.

Beispielsweise werden in den meisten sozialen Einrichtungen standardisierte Erhebungsbögen verwendet, die Informationen über unterschiedliche Lebensbereiche erfassen. Häufig werden die Wohn- und Arbeitssituation sowie die Art des Einkommens registriert. Es werden meistens Daten über die familiäre Situation und den staatsbürgerschaftlichen Status erhoben. Je nach Spezialisierungsgrad der Einrichtung werden in der Regel spezifische Informationen abgefragt, in einer Suchtberatungsstelle etwa sind Auskünfte zum Konsumverhalten der Person üblich. Nicht alle erhobenen Daten werden in der Bearbeitung des speziellen Beratungsanliegens Berücksichtigung finden. Zu bewerten und zu entscheiden, welche Informationen problemrelevant sind, führt in den zweiten Schritt der Fallarbeit – der Diagnose.

### 5.1.2 Diagnose

Eine Diagnose wird in drei gedanklichen Schritten gewonnen:

1. Zunächst werden die gesammelten Informationen auf die Fragestellung im konkreten Fall bezogen.
2. Anschließend wird bewertet, inwiefern diese Informationen relevant für die Bewältigung der fallbezogenen Fragestellung sind.
3. Letztlich wird die fallbezogene Bewertung erhobener Daten als Soziale Diagnose zusammengefasst.

Häufig wird eine Soziale Diagnose in Form eines ausformulierten Textes festgehalten. Codierte Kurzdiagnosen, die einem bestimmten Klassifikationssystem zuzuordnen sind, sind in der Sozialen Arbeit aktuell eher unüblich. Wenn sich Klassifikationssysteme, wie bspw. die Internationale Klassifikation der Funktionsfähigkeit, Behinderung und Gesundheit (ICF), in Handlungsfeldern der Sozialen Arbeit weiter etablieren, ist es jedoch auch denkbar, dass Codierungen für Soziale Diagnosen häufiger vorkommen. Die Verwendung von Kurzdiagnosen wird in der Sozialen Arbeit dabei kritisch gesehen. Vor dem Hintergrund der professionsbegründeten Prinzipien Sozialer Diagnostik lässt sich dies erklären. Soziale Diagnostik hat den Anspruch partizipativ, sozialökologisch, multi- und mehrperspektivisch sowie reflexiv zu sein. Diese Merkmale werden nicht nur auf den diagnostischen Vorgang selbst bezogen, sondern sollen auch in der Formulierung der Sozialen Diagnose Berücksichtigung finden. Wird eine Soziale Diagnose in einem Text ausformuliert, können partizipative Anteile, voneinander abweichende Einschätzungen, äußere Umstände zum Zeitpunkt der Erstellung oder unterschiedliche Abhängigkeiten verdeutlicht werden. Die Form der Darstellung hat einen Einfluss darauf, wie Soziale Diagnosen von Betroffenen, aber auch von Dritten gelesen und verstanden werden. Unterstrichen werden soll so der hypothetische Charakter Sozialer Diagnosen. Benachteiligungen durch Soziale Diagnosen sollen vermieden werden. Die Befürchtung bei der ausschließlichen Verwendung von codierten Kurzdiagnosen liegt darin begründet, dass relevante Details in einem Fall durch die standardisierte Klassifizierung unkenntlich werden und daraus Nachteile für Klient:innen entstehen. Durch die aufwendige Art des diagnostischen Prozesses wirken in dieser Phase der Fallarbeit bereits immer auch beziehungsbedingte Mechanismen. Werden Soziale Diagnosen partizipativ erstellt, bestimmen Fachkraft und Klient:in in einem Gespräch miteinander die zu bewältigende Problemstellung. Während dieser Aushandlung werden bereits Reflexions- und möglicherweise auch Veränderungsprozesse angestoßen. Ein sozial-diagnostischer Vorgang ist daher auch immer als Intervention zu verstehen. Pantucek (2012, S. 97) formuliert das so:

> „Jedes Diagnoseverfahren, an dem KlientInnen notwendigerweise beteiligt werden müssen, wirkt wie eine und als Intervention."

Soziale Diagnostik könnte somit als Spezialfall einer Intervention in der Sozialen Arbeit gelten. Zu beachten ist aber: Jede Soziale Diagnostik ist Intervention, aber nicht jede Intervention ist Soziale Diagnostik.

Pantucek (2012, S. 71) hat ein Ablaufschema entwickelt, wo ersichtlich wird, wie ausgehend von der Anamnese die gesammelten Daten in einem Fall zu einer Diagnose verdichtet werden (Abb. 6).

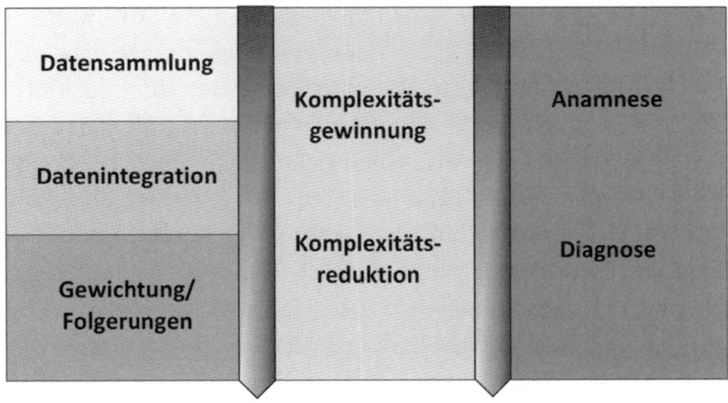


Abb. 6: Ablaufschema Diagnose, eigene Darstellung nach Pantucek, 2012, S. 71

Durch die umfassende Datensammlung während der Phase der Anamnese kommt es zunächst zu einer Zunahme der Datenkomplexität in einem Fall. Die erhobenen Daten müssen im nächsten Schritt auf die Frage- oder Problemstellung im jeweiligen

Fall bezogen werden. Damit findet eine Integration der Daten in den fallspezifischen Bearbeitungsauftrag statt. Durch diese Bezugnahme wird deutlich, welche Daten zur Bearbeitung der Frage- oder Problemstellung nötig, welche vordergründig zu beachten sind und welche momentan vernachlässigt werden können. Der Frage, wie die erhobenen Informationen priorisiert werden können, widmen wir uns gesondert im Kapitel 5.3 „Ebenen der sozial-diagnostischen Abklärung“ (siehe S. 42ff.).

Mit der fallbezogenen Bewertung und Gewichtung der erhobenen Daten findet bei der Formulierung der Sozialen Diagnose eine Reduktion der Datenkomplexität statt.

Aus der fallbezogenen Bewertung der erhobenen Daten, die unter Beachtung der vier professionsbegründeten Prinzipien durchgeführt wird, lässt sich ein Bearbeitungsauftrag ableiten. Wichtig ist an dieser Stelle noch einmal zu betonen, dass dieser Bearbeitungsauftrag partizipativ mit Klient:innen gewonnen wird. Die Ansichten von Fachkraft und Klient:in über das zu bearbeitende Problem bzw. die zu klärende Fragestellung fließen in die Feststellung des Bearbeitungsauftrags ein. Im weiteren Verlauf der Fallarbeit muss aus dem Bearbeitungsauftrag eine Zielformulierung extrahiert werden, damit ausgehend davon einzelne Interventionen geplant und umgesetzt werden können. An dieser Stelle der Fallarbeit befinden wir uns am Übergang zwischen Diagnose und Intervention.

### 5.1.3 Intervention

Intervention wird im Zusammenhang mit Sozialer Arbeit generell als Oberbegriff für „geplantes, zielgerichtetes Handeln“ (Hochuli Freund & Stotz, 2017, S. 269) verwendet. An dieser Stelle soll noch einmal daran erinnert werden, dass Soziale Diagnostik als eine spezifische Form der Intervention verstanden werden kann. Im Fallverlauf wird nach dem Feststellen einer Sozialen Diagnose in der Regel eine Zielformulierung erfolgen. Diese wird im Prozess professioneller Fallarbeit von manchen Autor:innen der Phase der Diagnose zugeordnet (vgl. bspw. Pauls, 2013, S. 226ff.; Hochuli Freund & Stotz, 2017, S. 251ff.). Wir betrachten die Zielformulierung sowie die Definition von Zielerreichungsmerkmalen als einen Schritt in der Fallarbeit, der nach dem sozial-diagnostischen Vorgang vorgenommen wird. Dabei legen wir ein engeres Verständnis der Sozialen Diagnose i. S. des Ergebnisses der problembezogenen Bewertung erhobener Daten an und stellen die Formulierung von Zielen in der Interventionsphase dar.

Es gibt viele Fachbeiträge zur Formulierung von Beratungs- und Behandlungszielen, z. B. hinsichtlich der Arten von Zielen oder Zielentwicklungssystemen (Hochuli Freund & Stotz, 2017, S. 258ff.), der Analyse der Zielerreichung (Reicherts & Pauls, 2015, S. 61ff.) oder zum Prozess der Zielformulierung (Stimmer & Ansen, 2016). Heiner (2004) entwickelte bspw. ein umfangreiches methodisches Verfahren, das die Zielformulierung direkt im Zusammenhang mit der sozialen Diagnostik in der Praxis anwendbar macht: die Pro-Ziel-Basisdiagnostik. Dabei handelt es sich hier nur um eine grobe Überschau und nicht um eine vollständige Auflistung. Wir wollen für dieses Fallbuch einige Aspekte gezielt herausgreifen und ausführlicher darstellen, sodass sie in den Fallbeispielen Anwendung finden können.

Grundsätzlich sollte bei der Formulierung von Zielen eine präzise und positive Formulierung gewählt werden. Zielformulierungen wie bspw. „nicht mehr rauchen" oder „weniger Alkohol trinken" entsprechen nicht dieser Empfehlung. Die Probleme, die sich aus einer solch ungenauen Formulierung ergeben, sind folgende:

- **Durch eine unpräzise oder negative Formulierung wird die Überprüfung von Fortschritten erschwert:**
  Anhand einer ungenauen Formulierung ist es nicht möglich, zu beurteilen, ob die Tendenz der Entwicklung oder Verhaltensänderung in die Richtung des zu erreichenden Ziels zeigt. Mit einer unpräzisen und noch dazu negativen Formulierung kann nicht eingeschätzt werden, ob z. B. ein einmaliger Verstoß gegen das gesetzte Ziel bedeutet, dass das Ziel nun generell nicht erreicht wurde. Nehmen wir das Beispiel „nicht mehr rauchen". Was bedeutet es für den weiteren Verlauf der Beratung oder Behandlung, wenn der:die Klient:in fünf Tage lang keine Zigaretten geraucht hat, dann an einem Tag rückfällig wird und anschließend den Tabakkonsum wieder einstellt? Ist das Ziel dann nicht oder nur zum Teil erreicht? Fortschritte und Tendenzen lassen sich nur erkennen und bewusst reflektieren, wenn Ziele präzise und positiv formuliert werden.
- **Nur eine präzise und positive Formulierung ermöglicht es, Erfolge zu bemerken und erwünschtes Verhalten zu verstärken:**
  Mit einer unpräzisen Formulierung von Zielen lassen sich keine Erfolgserlebnisse reflektieren. Wenn eine Person sich vornimmt „weniger Alkohol" zu trinken, so bleibt die Bemessung, ob der Konsum nun geringer war oder nicht, immer einer willkürlichen und möglicherweise auch tagesformabhängigen Vergleichsgrundlage unterworfen. So könnte es sein, dass eine Person gewöhnlich 6–8 Dosen Bier am Tag trinkt. Werden an einem Tag dann nur 5 Dosen konsumiert, müsste das Ziel eigentlich erreicht sein. In den meisten Fällen ist mit dem Wunsch „weniger Alkohol" zu trinken aber ein anderer Konsum gemeint als die punktuelle Reduktion unter die gewöhnlich konsumierte Menge. Was genau gewollt wird, gilt es präzise und positiv zu formulieren. Nur dann ist es möglich, über bereits umgesetzte Änderungen nachzudenken, diese bewusst zu reflektieren und gezielt zu verstärken, sodass sie perspektivisch in neue Routinen überführt werden können.
- **Präzise und positive Formulierungen unterstützen die Realisierung von Veränderung:**
  Verhaltensänderungen in gewohnte Abläufe zu integrieren, stellt für die meisten Personen eine besondere Herausforderung dar. Die Hürde dabei ist in den meisten

Fällen die, dass ungewohnte Abläufe anstrengender in der Umsetzung sind als etablierte Gewohnheiten, auch wenn diese nicht zwingend konstruktiv sein müssen. Denken Sie bspw. an gute Vorsätze, die Sie selbst möglicherweise hatten und nicht realisieren konnten. Sind Ziele unpräzise und außerdem eventuell noch negativ formuliert, wird die Umsetzung einer Änderung zusätzlich dadurch erschwert, dass unklar bleibt, wann, in welchem Ausmaß und in welchem Zeitraum die Änderung stattfinden soll. Nehmen wir als Beispiel den Vorsatz „sich mehr zu bewegen". Der Vergleichsmaßstab ist derart ungenau, dass ein großer Spielraum in der Deutung besteht, ob es mehr Bewegung gibt oder eben nicht. Ist das Ziel bereits erreicht, wenn die Person Treppen steigt, statt den Aufzug zu benutzen? Oder ist das Ziel erst erreicht, wenn sie täglich 5 Kilometer joggt? Bei jedem Versuch der Änderung eines Ablaufs oder Verhaltens müsste neu gedeutet und bewertet werden, ob sich ein Erfolg eingestellt hat oder nicht. Damit sind vielfältige Erklärungen möglich, weshalb heute das Treppensteigen als Erfolg gilt (z. B.: „Heute ist das Wetter viel zu schlecht zum Laufen."), aber auch der gestrige der 5-Kilometer-Lauf (z. B.: „Ich war ausgeruht und hatte keine anderen Verpflichtungen."). Dieses andauernde Neu-Bewerten allein ist so aufwendig, dass die Rückkehr in alte Routinen simpler erscheint (und in vielen Fällen dann auch passiert).

Es gibt eine Reihe von Zielformulierungshilfen. Eine bekannte Art ist die Abfassung nach den SMART-Kriterien (Schwing & Fryszer, 2007). Jeder Buchstabe steht für ein Merkmal, das in der Zielformulierung berücksichtigt werden soll: S für „spezifisch", M für „messbar", A für „aktionsorientiert", R für „realistisch" und T für „terminiert".

Aus dem oben erwähnten unpräzise und negativ formulierten Beispiel „nicht mehr rauchen" ließe sich nach den SMART-Kriterien diese Zielformulierung formen:

> „Ich möchte ab morgen meinen Tabakkonsum von 10 Zigaretten täglich schrittweise um zwei Zigaretten pro Tag reduzieren, sodass ich in fünf Tagen tabakfrei bin."

Es fällt auf, dass eine Formulierung aus der Ich-Perspektive vorgenommen wurde. Auch wenn dies in den SMART-Kriterien nicht explizit ablesbar ist, empfiehlt sich in der Arbeit mit Klient:innen eine solche persönliche Formulierung. Damit ist spezifiziert, wer ein bestimmtes Ziel verfolgen soll.

Anhand der präzisierten Formulierung wird außerdem deutlich, mit welchen zusätzlichen Herausforderungen in der Umsetzung möglicherweise zu rechnen ist. Für unser Beispiel bleibt offen, ob das Vorhaben wirklich als realistisch einzuschätzen ist. Denn in dieser Formulierung wird außer Acht gelassen, welche Angewohnheiten die Person hinsichtlich ihres Rauchverhaltens bislang gepflegt hat, welche Funktion der Tabakkonsum erfüllt hat und ob in den nächsten fünf Tagen besondere Ereignisse zu erwarten sind, die die Umsetzung zusätzlich erschweren. Auch ist nicht ersichtlich, wie nach den fünf Tagen weiter verfahren werden soll. Noch besser wäre also eine Formulierung, die spezifischer auf Situationen abzielt, in denen bislang geraucht wurde und wo konkret eine Verhaltensänderung angestrebt wird, z. B.:

> „Ich möchte in einem Monat tabakfrei sein. Dafür werde ich ab morgen meinen derzeitigen Tabakkonsum von 10 Zigaretten reduzieren. Ich verzichte ab morgen auf die Zigarette nach dem Frühstück zum Kaffee und die an der Bushaltestelle. Dieses Verhalten werde ich bis zur nächsten Beratung in einer Woche beibehalten. In der nächsten Beratung wird der nächste Reduktionsschritt formuliert."

Die SMART-Formulierungen offenbaren in vielen Fällen Herausforderungen in der Umsetzung, die möglicherweise bislang noch nicht bedacht wurden, im Beratungs- oder Behandlungsverlauf aber aufgegriffen werden müssen.

Bei der Formulierung der Ziele ist es wesentlich, Klient:innen in die sprachliche Formulierung einzubeziehen. Dadurch kann Unklarheiten oder Missverständnissen entgegengewirkt und die Motivation für die Umsetzung gestärkt werden.

Ein weiterer wesentlicher Punkt in der Zielformulierung ist die Beschäftigung mit Merkmalen, anhand derer eine Zielerreichung festgestellt werden kann. Anders ausgedrückt, soll bei der Festlegung eines Ziels darüber gesprochen werden, woran Klient:innen erkennen können, dass ein Ziel erreicht wurde. Hier sind auch Abstufungen zu thematisieren, sodass beurteilt werden kann, wann ein Ziel zum Teil erreicht wurde. Nehmen wir als Beispiel das Ziel:

> „Ich möchte ab morgen für die Dauer eines Monats allabendlich vor dem Schlafengehen eine Progressive Muskelentspannungsübung durchführen."

Nach einem Monat könnte rückblickend festgestellt werden, dass das Ziel vollständig erreicht wurde, wenn an keinem Abend die Entspannungsübung versäumt wurde. Je nachdem, an wie vielen Tagen die Übung nicht durchgeführt wurde, kann die Zielerreichung als teilweise erfüllt oder als nicht erfüllt gelten. Hier ist die subjektive Einschätzung der Klient:innen maßgeblich. Die Einschätzung könnte auch bei einer geringen Anzahl an Versäumnissen durchaus so lauten, dass das Ziel erreicht wurde. Über die Anzahl der „Fehltage", die sich Klient:innen bei der Ausübung der Entspannungstechnik gestatten, sollte bei der Zielfestlegung gesprochen werden. Zu vermeiden ist eine rechnerische (rein quantitative) Abstufung, wonach das Ziel zur Hälfte erreicht wäre, wenn an 15 von 30 Tagen im Monat die Entspannungsübung gemacht wurde. Bei einer solchen Rechnung könnten Klient:innen die Entspannungsübung an den ersten 15 Tagen im Monat umsetzen und anschließend 15 Tage pausieren und das Ziel würde dennoch als zur Hälfte erreicht gelten. Da es aber um die Implementierung von bestimmten Verhaltensweisen in den Alltag geht, ist eine so festgelegte Zielerfüllung nicht sehr sinnvoll.

Abstufungen für das Ausmaß der Zielerreichung könnten so formuliert werden:

> „Das Ziel ist überwiegend erreicht, wenn ich die Entspannungsübung an mindestens vier Abenden pro Woche durchführe."

> „Das Ziel ist zur Hälfte erreicht, wenn ich die Entspannungsübung zumindest alle zwei Abende durchführe."

> „Das Ziel gilt als nicht erreicht, wenn ich die Entspannungsübung nur an zwei Abenden pro Woche oder weniger durchführe."

Nach der Festlegung von Zielen, die in einem Fall bearbeitet werden sollen, ist die Interventionsphase zumeist nicht zu Ende, sondern gilt eher als Auftakt für eine Reihe weiterer Interventionen. Die Ausgestaltung der Interventionsphase wird hier nicht weiter vertieft, da dies zu weit vom eigentlichen Schwerpunkt diese Fallbuchs – der Sozialen Diagnostik – wegführen würde.

### 5.1.4 Evaluation

Das Modell professioneller Fallarbeit sieht den zirkulär verlaufenden Prozess von vier Phasen vor, wobei die Evaluation den vierten Schritt dieses Zirkels darstellt (siehe Abb. 5). Grundsätzlich bedeutet Evaluieren das Auswerten, Bilanzieren und Treffen von Ableitungen für zukünftige Handlungen. Es gibt unterschiedliche Formen und Funktionen der Evaluation, die bspw. bei Hochuli Freund & Stotz (2017, S. 307ff.) ausführlich dargestellt werden. Wir beschränken uns in diesem Fallbuch auf eine kurze Betrachtung des Abschnitts der Fallarbeit und stellen die Frage nach dem Zusammenhang zur Sozialen Diagnostik in den Mittelpunkt. In die Evaluation fließen im Fallverlauf gewonnene Erkenntnisse ein, dazu gehören auch die Soziale Diagnose oder festgelegte Ziele. Das heißt, es wird bei der Evaluation retrospektiv beurteilt und bilanziert, inwiefern Soziale Diagnose(n) und vereinbarte Ziele im Fallverlauf bearbeitet werden konnten. Anhand einer solchen Auswertung werden im Verständnis des Modells professioneller Fallarbeit Aspekte deutlich, die noch zu bearbeiten oder neu hinzugekommen sind. Werden diese Aspekte in einer Datensammlung festgehalten, ist der Übergang zu einem neuerlichen anamnestischen Vorgang bereits erreicht. Hier kann dann ein sozial-diagnostischer Schritt angeschlossen werden usw. Zusammenfassend kann festgehalten werden, dass die Evaluation eine retrospektive Bewertung der Sozialen Diagnostik und Zielfestlegung erlaubt sowie eine zukunftsgerichtete Funktion hat.

## 5.2 Die professionelle Arbeitsbeziehung

Eine Arbeitsbeziehung zwischen Fachkraft und Unterstützung suchender Person beginnt bereits mit der Kontaktaufnahme. Die Qualität der Arbeitsbeziehung ist entscheidend für den gesamten weiteren Fallbearbeitungsprozess und damit auch für die Durchführung der Sozialen Diagnostik. Arbeitsbeziehungen sind durch charakteristische Merkmale bestimmt, die hier näher erläutert werden sollen.

- **Fachkräfte als Repräsentant:innen ihrer Institution**

Für das Entstehen einer Arbeitsbeziehung spielt der Auftrag der Organisation, der die Fachkräfte zugehörig sind, eine entscheidende Rolle. Wenn Unterstützung suchende Personen eine bestimmte Einrichtung aufsuchen und auf eine Fachkraft treffen, dann nehmen die potenziellen Klient:innen diese Fachkraft zunächst als Vertreter:in dieser Organisation wahr (Hochuli Freund & Stotz, 2017, S. 86).

Wenn z. B. eine Person wegen einer Schuldenproblematik die Schuldnerberatungsstelle aufsucht, dann wird sie die professionelle Fachkraft, die dort Kontakt mit ihr aufnimmt, als Vertreter:in der Schuldnerberatung wahrnehmen, die das institutionelle Angebot der Beratungsstelle verkörpert. Mit dieser Einordnung sind seitens der Klient:innen in vielen Fällen bereits Erwartungen an die professionelle Rolle der Fachkraft verbunden. Die Unterstützung suchende Person wird in diesem Beispiel damit rechnen, dass die Fachkraft Informationen zu Finanzen, Schulden und Gläubigern einholen wird, sie wird aber vermutlich nicht erwarten, dass sie sich zu ihrem Suchtmittelkonsum äußern soll. Es ist für Fachkräfte also entscheidend zu reflektieren, in welcher Rolle sie zunächst von Klient:innen wahrgenommen werden und welche unausgesprochenen Erwartungen damit an ihr Verhalten geknüpft sind. Dies spielt besonders in der Phase des Aufbaus der Arbeitsbeziehung eine bedeutende Rolle, weil parallel dazu oftmals auch anamnestische und sozial-diagnostische Prozesse ablaufen. Arbeitsbeziehungen existieren nicht um ihrer selbst willen, sondern verfolgen einen spezifizierten Zweck. Die Zweckrationalität wiederum bedingt ein asymmetrisches Verhältnis zwischen Fachkraft und Unterstützung suchender Person, die Fachkraft befindet sich aufgrund ihres Wissens und ihrer Kompetenz in einer erhöhten Machtposition gegenüber der Unterstützung suchenden Person (Hochuli Freund & Stotz, 2017, S. 87). Die Asymmetrie und die Zweckgebundenheit sollten von Fachkräften ebenfalls reflektiert werden.

- **Begrenzungen von Arbeitsbeziehungen**

Im Unterschied zu privaten Beziehungen zeichnen sich professionelle Arbeitsbeziehungen durch klare Begrenzungen aus. Diese können hinsichtlich der Dauer, der Frequenz, der Verbindlichkeit der Inanspruchnahme, der Intention und den ökonomischen Bedingungen (Hochuli Freund & Stotz, 2017, S. 87f.) bestimmt werden. Die Begrenzungen sind der Fachkraft bekannt. Dadurch ist es möglich, professionelle Entscheidungen darüber zu treffen, welche Daten in einem Fall anamnestisch erhoben werden müssen, welche Fragestellungen und Problematiken in der jeweiligen Institution bearbeitet werden können, welche Art und welches Ausmaß Sozialer Diagnostik daher angemessen sind und welche Ziele und Interventionen letztlich geplant werden können.

## 5.3 Ebenen der sozial-diagnostischen Abklärung

In einem Fallverlauf gilt es zu bestimmen, welche Fragestellungen oder welche Problemaspekte vordergründig bearbeitet werden müssen. Fachkräfte stehen vor der Notwendigkeit zu entscheiden, welche Belange in einem Fall prioritär und welche nachrangig zu behandeln sind.

Eine Möglichkeit, die Entscheidung über die Priorisierung systematisch vorzunehmen, ist die Orientierung an den zwei Ebenen sozial-diagnostischer Abklärung. Helmut Pauls (2013, S. 211ff.) definiert eine primäre und eine sekundäre Ebene. In jeder Ebene gilt es Schlüsselfragen zu stellen, aus deren Beantwortung dann eine Priorisierung der zu bearbeitenden Fallaspekte gewonnen werden kann.

### 5.3.1 Primäre Ebene sozial-diagnostischer Abklärung

Mit Eintritt in den Unterstützungsprozess sind für die primäre Ebene sozial-diagnostischer Abklärung solche Daten zu erfassen, die Fachkräften einen Rückschluss auf unmittelbar notwendige Interventionen erlauben. In Anlehnung an Helmut Pauls (2013, S. 211f.) definieren wir für diese Ebene drei Schlüsselfragen:

- **Frage nach dem Leidensdruck:**

Es soll erfasst werden, was die Sorgen, Fragen oder Bedarfe aus der subjektiven Sicht des Klienten oder der Klientin sind. Zu beachten ist, dass Fachkräfte eine subjektive Schilderung des Klienten oder der Klientin ermöglichen und aufmerksam erfassen. Als Repräsentant:in einer bestimmten Organisation nehmen Fachkräfte möglicherweise ein spezielles Anliegen an, das aber nicht in allen Fällen zum Auftrag der Organisation passen muss. Wendet sich bspw. eine Person nach einem Führerscheinentzug aufgrund von Fahren unter Alkoholeinfluss an eine Suchtberatungsstelle, könnte, kurz betrachtet, darauf geschlossen werden, dass die Person aufgrund ihres problematischen Alkoholkonsums eine Beratung in Anspruch nimmt. Dies würde dem Auftrag der Einrichtung entsprechen. Der Leidensdruck der Person könnte aber durchaus nur im Führerscheinverlust bestehen. Dass das Verhalten in Bezug auf den Alkoholkonsum von der Person ebenfalls als Problem angesehen wird, lässt sich nicht automatisch schlussfolgern. Der subjektiv geäußerte Leidensdruck von Klient:innen kann durchaus von dem abweichen, was Fachkräfte aus ihrer professionellen Sicht als Problem ansehen würden.

- **Frage nach den rechtlichen Bedingungen der Kontaktaufnahme:**

Unterstützung suchende Personen nehmen aus ganz unterschiedlichen Gründen Kontakt zu Hilfseinrichtungen auf. In manchen Fällen spielen behördliche oder gerichtliche Auflagen eine Rolle, die die Inanspruchnahme einer Hilfeleistung motivieren. Für Fachkräfte ist die Registrierung des rechtlichen Kontextes in zweierlei Hinsicht bedeutsam: Zum einen können Hypothesen zur Motivationsstruktur, zur Problemeinsicht oder zur Veränderungsbereitschaft der Unterstützung suchenden Person gebildet werden. Zum anderen müssen Fachkräfte in der Gestaltung des Fallprozesses oftmals spezielle administrative Vorgänge beachten, wenn eine rechtliche Verpflichtung zur Inanspruchnahme einer Hilfeleistung besteht. Zum Beispiel sind bei gerichtlichen Auflagen schriftliche Zielvereinbarungen und Fortschrittsberichte, die in regelmäßigen Abständen angefertigt werden müssen, nicht unüblich.

- **Frage nach Selbst- und/oder Fremdgefährdung sowie nach existenziellen Notlagen:**

Unbedingt sorgfältig zu erfassen und prioritär zu behandeln sind Hinweise auf Verhalten oder Ambitionen, bei denen die Unterstützung suchende Person sich selbst in ernsthafte Gefahr bringt. Werden suizidale Absichten angenommen, sind suizidpräventive Maßnahmen zu setzen. Bei Unsicherheiten in diesem Punkt ist die Abklärung durch andere fachkundige Personen sofort zu veranlassen. Ein unverzügliches Intervenieren ist auch notwendig, wenn Hinweise von der Fachkraft aufgenommen werden, dass Dritte in Gefahr oder bedroht sind.

Auch existenzielle Notlagen sind auf der primären Ebene sozial-diagnostischer Abklärung sorgfältig zu erheben und ggf. sind angemessene Maßnahmen unverzüglich einzuleiten. Solche existenziellen Notlagen können bspw. darin bestehen, dass ein unmittelbarer Wohnungsverlust droht und minderjährige Kinder davon betroffen wären oder dass aktuell kein Zugang zu Nahrungsmitteln besteht.

### 5.3.2 Sekundäre Ebene sozial-diagnostischer Abklärung

Nach der Exploration der Schlüsselfragen der primären Ebene finden auf der sekundären Ebene weitere sozial-diagnostische Verfahren Anwendung. Ziel der Abklärungen auf dieser Ebene sind die umfassende Erhebung der Lebenslage, der Lebensweise, von Stressoren und Belastungen, Copingversuchen und Ressourcen. Hier soll ausgelotet werden, welche Unterstützungsbedarfe es in einem Fall grundsätzlich gibt und welche individuumsbezogenen und welche umgebungsbezogenen Interventionen geplant werden. Durch die Ebene der sozial-diagnostischen Abklärung wird auch deutlich, durch wen und in welchem zeitlichen Ausmaß die Unterstützungsmaßnahmen umgesetzt werden sollen. Zusammengefasst handelt es sich bei dieser Ebene um „multidimensionale Abklärungen" (Pauls, 2013, S. 212). Auf dieser Ebene können all jene sozial-diagnostischen Verfahren Anwendung finden, die wir im nächsten Kapitel dieses Buches vorstellen.

# 6 Ausgewählte Verfahren der Sozialen Diagnostik

Es gibt eine Vielzahl von sozial-diagnostischen Verfahren, die sich hinsichtlich ihres Nutzens, ihres Grades der Standardisierung, ihrer Fokussierung, ihres Interpretationsbereiches, ihrer handlungsfeldspezifischen Einsatzfähigkeit und ihrer Aufwendigkeit in der praktischen Handhabung zum Teil erheblich unterscheiden.

In diesem Kapitel stellen wir eine Auswahl sozial-diagnostischer Verfahren vor. Die Zusammenstellung umfasst eine breite Spanne von lebensweltorientierten über biografieorientierte, soziometrische und klassifikatorische bis hin zu ressourcenorientierten Verfahren. Es ist uns wichtig zu betonen, dass nicht alle vorgestellten Verfahren automatisch auf alle Fälle in diesem Buch anzuwenden sind. Jedes der vorgestellten Verfahren nimmt einen anderen Teilbereich in den Blick und ist daher für gewisse Fragestellungen besser oder weniger gut geeignet. Es muss aus fachlicher Sicht beurteilt werden, auf welches Verfahren in einem bestimmten Fall bevorzugt zurückgegriffen werden soll. Dies entspricht einem Entscheidungsprozess, mit dem Fachkräfte der Sozialen Arbeit in ihrer Praxis ebenfalls konfrontiert sind. Leitend für die Auswahl eines passenden sozial-diagnostischen Verfahrens sind hierbei folgende Fragen:

**1. Welche Funktion hat die Diagnostik im Fallverlauf?**

Um diese Frage zu beantworten, bietet bspw. die in Kapitel 3 beschriebene Unterscheidung von Orientierungsdiagnostik, Zuweisungsdiagnostik, Gestaltdiagnostik und Risikodiagnostik nach Heiner (2014, S. 26) eine gute Grundlage. Je nach Funktion der Sozialen Diagnostik kann zusätzlich zwischen klassifikatorischen und rekonstruktiven Verfahren unterschieden werden. Rekonstruktive Verfahren ermöglichen eine flexible, situations- und interaktionsabhängige Informationssammlung, während zu den klassifikatorischen Verfahren die standardisierten Erhebungs- und Auswertungsinstrumente mit einer zuverlässigen Informationsverarbeitung zählen (Borg-Laufs et al., 2022, S. 12f.). Nauerth (2016, S. 133) stellt diese Verfahren auf einer „Achse des Verstehens“ dar, wobei klassifikatorische und rekonstruktive Diagnostikarten jeweils den Endpunkt dieser Achse markieren, da eine klare Abgrenzung nicht immer möglich ist. In der Vielfalt sozial-diagnostischer Verfahren finden sich zusätzlich solche, die sowohl klassifikatorische als auch rekonstruktive Elemente beinhalten.

**2. Was ist die zu bearbeitende Thematik im Fall?**

Es gibt unterschiedliche Wege, den Kern des zu bearbeitenden Problems oder, anders bezeichnet, die Thematik im Fall zu erfassen. So kann die zu bearbeitende Thematik mithilfe der primären Ebene sozial-diagnostischer Abklärung bestimmt werden. Ein anderes Verfahren haben Hochuli Freund & Stotz (2017, S. 220ff.) entwickelt. Sie integrieren den Schritt der Bestimmung der Fallthematik in ein eigenes methodisches Vorgehen, das theoriegeleitete Fallverstehen. Es sind sicherlich noch andere Verfahren denkbar, um den Kern des zu bearbeitenden Problems in einem Fall festzustellen. Verdeutlichen möchten wir an dieser Stelle die Notwendigkeit, zur Fallthematik passende Theorien zu bestimmen. Fallthematik und Theorie werden in Relation gesetzt und Theorien werden dadurch in der Fallarbeit handlungsleitend. Je nach Relationierung von Theorie und Fall lassen sich unterschiedliche sozial-diagnostische Verfahren plausibel anwenden.

**3. Wie können in dem speziellen Fall die professionsbegründeten Prinzipien Sozialer Diagnostik berücksichtigt werden?**
Werden die in Kapitel 2 beschriebenen vier professionsbegründeten Prinzipien Sozialer Diagnostik im Sinne von Qualitätsstandards bei der Durchführung sozial-diagnostischer Verfahren verstanden, dann sollten sie in jedem Fall berücksichtigt und umgesetzt werden. Aus der Orientierung an einem partizipativen, sozialökologischen, multi- und mehrperspektivischen sowie reflexiven Vorgehen lassen sich ebenfalls Entscheidungen für oder gegen den Einsatz bestimmter sozial-diagnostischer Verfahren ableiten.

**4. Welche Perspektive auf den Fall wird mithilfe eines Verfahrens deutlich?**
Sozial-diagnostische Verfahren können Fälle bzw. zu bearbeitende Themen in der Arbeit mit Klient:innen nicht vollständig oder allumfassend abbilden. Vielmehr wird es durch den Einsatz der Verfahren möglich, eine präsentierte Situation aus einer spezifischen Perspektive zu analysieren und zu bewerten. Das bedeutet, dass je nach verwendetem Verfahren bestimmte Gegenstandsbereiche in einem Fall sichtbar werden, andere hingegen nicht. Für Fachkräfte ist es unerlässlich zu reflektieren, welche Informationen welches sozial-diagnostische Verfahren hervorbringt und welche Bereiche im Fallverstehen aber (noch) unerkannt sind. Danach ist auch zu überlegen, ob einzelne Verfahren miteinander kombiniert werden sollten, um eine angemessene Soziale Diagnose erstellen zu können.

Bei den folgenden dargestellten sozial-diagnostischen Verfahren geben wir am Ende jeweils einen kurzen Überblick, welche Perspektive das jeweilige Verfahren in einem Fall eröffnen kann und wofür seine Anwendung besonders indiziert ist.

An dieser Stelle möchten wir noch eine Frage aufgreifen, mit der wir – sowohl im Kontext der Ausbildung von Fachkräften der Sozialen Arbeit als auch im Austausch mit praktizierenden Kolleg:innen – immer wieder konfrontiert sind:

**Wie sieht eine Soziale Diagnose nun eigentlich aus?**
Vor dem Hintergrund der hier zusammengestellten Grundlagen ist unsere Antwort folgende: Eine Soziale Diagnose ist eine fachkundige Bewertung einer fallbezogenen Problem- oder Fragestellung zum Zweck einer Interventionsplanung und -plausibilisierung. Die Form der Sozialen Diagnose kann dabei sehr unterschiedlich sein. Eine für die gesamte Profession einheitliche, standardisierte Darstellungsweise oder gar Co-

dierung, wie sie bspw. in der Medizin zu finden ist, ist in der Sozialen Arbeit nicht üblich. In der Regel handelt es sich bei Sozialen Diagnosen um eine in Textform verfasste Bewertung der bis dahin erhobenen fallbezogenen Daten. Der Einsatz bestimmter sozial-diagnostischer Methoden ermöglicht eine grafische Darstellung des Sachverhalts, die idealerweise um eine Beschreibung und Interpretation ergänzt wird. Werden im sozial-diagnostischen Prozess klassifikatorische Verfahren angewendet, ist eine Kurzdiagnose in Form eines Diagnoseschlüssels durchaus möglich, wobei empfohlen wird, diese verbal zu ergänzen.

## 6.1 Lebensweltorientierte Verfahren

### Koordinaten psychosozialer Diagnostik und Intervention

Psychosoziale Problemstellungen sind in den meisten Fällen komplexe Konstrukte, bei deren Entstehung und Aufrechterhaltung viele Faktoren eine Rolle spielen. Nur selten liegt die Ursache für ein Problem in einem isolierten Merkmal. Daher ist es notwendig, auf eine Mehrebenen-Diagnostik, die unterschiedliche Informationsquellen berücksichtigt, zurückzugreifen. Die Koordinaten psychosozialer Diagnostik und Intervention nach Pauls (2013, S. 209) berücksichtigen sowohl Defizite, Belastungen und Vulnerabilitäten wie bspw. Konflikte, kritische Lebensereignisse, Traumatisierungen, Erkrankungen oder Armut als auch Ressourcen und Kompetenzen, wie etwa Begabungen, förderliche Umweltbedingungen oder ein tragfähiges soziales Netz. In einer Vier-Felder-Matrix werden sämtliche beeinflussende Faktoren übersichtlich dargestellt. Dabei finden sich auf der vertikalen Achse die Ressourcen sowie die Belastungen. Auf der horizontalen Achse wird zwischen personbezogenen und umgebungsbezogenen Faktoren unterschieden.

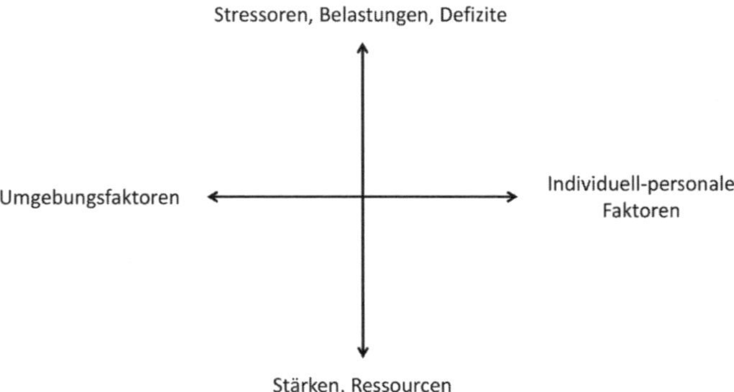


Abb. 7: Koordinaten psychosozialer Diagnostik und Intervention, eigene Darstellung nach Pauls, 2013, S. 209

*Quadrant 1*: Im ersten Quadranten links oben werden die umgebungsbedingten, äußeren Belastungen erhoben, wie bspw. ökonomische oder materielle Defizite in der Familie, Vernachlässigungen, Ablehnungen, Stigmatisierungen oder Konflikte mit anderen Personen.

*Quadrant 2:* In diesem Feld finden sich die personbezogenen, individuellen Belastungen oder Einschränkungen, angeborene oder erworbene Vulnerabilitäten oder psychische sowie somatische Erkrankungen. Emotionale Belastungen, geringer Selbstwert, Verhaltensauffälligkeiten, Intelligenz- oder Leistungsprobleme oder mangelnde Problemlösungs- oder Copingfähigkeiten werden ebenfalls hier eingetragen.

*Quadrant 3:* Hier finden sich die individuellen Kompetenzen, Stärken und Ressourcen einer Person. Dieser Quadrant ist die Darstellung von Persönlichkeitsstärken, sicheren Bindungen, Leistungs- und Lernpotenzialen oder sozialen Kompetenzen.

*Quadrant 4:* Im vierten Quadranten, links unten, werden hilfreiche Umgebungsbedingungen, unterstützende Faktoren aus der Wohnumgebung bzw. dem Sozialraum, die familiäre Unterstützung oder Einbindung, förderliche soziale Netze, wie Freund:innen, Nachbar:innen, Vereine etc., der Zugang zu Unterstützungsleistungen von Sozialeinrichtungen oder förderliche Schul- und Arbeitsbedingungen erhoben (Pauls, 2013, S. 210).

Die individuell-personalen Faktoren beziehen sich im Sinne eines ganzheitlichen Gesundheitsverständnisses vorrangig auf biologisch-medizinische, psychologische und psychosoziale Faktoren eines Individuums und geben somit zusätzlich Einblick in den gesundheitlichen Zustand einer Person.

*Fazit:*
Die Erfassung der Koordinaten ermöglicht die Darstellung und Verknüpfung relevanter Daten betreffend die Lebenswelt einer Person. Es handelt sich also um ein Überblicksinstrument, das die wesentlichen Einflussgrößen der Problemgrößen rasch aufzeigt. Daher sind die Koordinaten psychosozialer Diagnostik und Intervention auch für Fallbesprechungen oder Fallübergaben bestens geeignet.

## Weitere Verwendungen einer 4-Felder-Matrix

Die Verwendung einer Vier-Felder-Matrix in der Diagnostik ist kein Unikum der Klinischen Sozialen Arbeit. In unterschiedlichen Bereichen werden solche Matrizen zu diagnostischen und therapeutischen Zwecken verwendet. Eine aus unserer Sicht für die Soziale Arbeit ebenfalls hilfreiche ist „Die beste aller Welten“ und stammt von Johan Galtung. Ursprünglich als therapeutisches Interventionstool entwickelt, eignet sie sich ebenfalls für den sozial-diagnostischen Prozess. Während auf einer Achse die Zeitdimensionen „Zukunft“ und „Vergangenheit“ dargestellt werden, teilt sich die andere Achse in „gut“ und „schwierig“ (Galtung, 2007, zit. n. Feistauer & Zauner-Grois, 2009, S. 162ff.).

Abb. 8: Die beste aller Welten, eigene Darstellung

Die einzelnen Quadranten werden nun nacheinander mit den Klient:innen im Hinblick auf die Fragestellung bearbeitet. Hinführende Fragen oder Beispiele der Fachkraft, die sich aus dem bisherigen Betreuungsprozess ergeben haben, unterstützen idealerweise den Erhebungsprozess. Die Ergebnisse und Gedanken jedes Quadranten werden schriftlich festgehalten.

Zur Vereinfachung können die Quadranten auch folgendermaßen beschrieben werden:

- Die beste aller Welten oder Idealzustand
- Das, was gut war
- Das, was schwierig war
- Das, was schwierig bleibt

Diese Vier-Felder-Matrix könnte auch, ob vereinfacht oder in der Originalfassung, auf dem Boden aufgelegt werden. Für Klient:innen wäre durch den Wechsel des Standorts die Beantwortung möglicherweise eindrücklicher oder einfacher (Feistauer & Zauner-Grois, 2009, S. 163f.).

*Fazit:*

Das Instrument ist für den Einsatz bei einer Vielzahl von Themenstellungen geeignet. Beziehungskonflikte, Wohnort- oder Arbeitswechsel bis hin zu Lebensereignissen lassen sich damit genauer betrachten. Die Ausformulierung des Idealzustands, also der besten aller Welten, bietet auch eine Hilfestellung für die weitere Zielableitung und kann als Grundlage für die Zielformulierung herangezogen werden.

## 6.2 Klassifikatorische Verfahren

Zu den klassifikatorischen Verfahren zählen standardisierte Erhebungs- und Auswertungsverfahren. In der sozialarbeiterischen Praxis finden sich zahlreiche unterschiedlich elaborierte und standardisierte Verfahren, die oftmals sehr spezifisch auf die jeweilige Einrichtung, das jeweilige Handlungsfeld oder die Klientel zugeschnitten sind. Wir möchten hier ein Verfahren näher vorstellen, das handlungsfeldübergreifend verwendet werden kann: das biopsychosoziale Modell der ICF (International Classification of Functioning, Disability and Health).

### Das biopsychosoziale Modell der ICF

Entwickelt und herausgegeben wurde das Klassifikationssystem der ICF von der Weltgesundheitsorganisation (WHO) (Seidel & Schneider, 2021, S. 8). Die ICF basiert auf einem biopsychosozialen Verständnis von Gesundheit und Krankheit, was sich in deren Aufbau und Anwendung widerspiegelt. Dieses Klassifikationssystem wurde von der WHO zusätzlich zu einem anderen Klassifikationssystem entwickelt, das bereits länger standardmäßig in der Gesundheitsversorgung und im Gesundheitsmanagement eingesetzt wird – dem ICD (International Statistical Classification of Diseases and Related Health Problems). Es ist nicht beabsichtigt, dass die ICF- die ICD-Klassifikation ablöst, sondern sie soll ergänzend verwendet werden. Dadurch werden vor allem folgende Vorteile erwartet:

1. Wechselwirkungen von Beeinträchtigungen und Störungen der Funktionalität und der Teilhabe im Hinblick auf das gesundheitliche Wohlbefinden können besser beschrieben werden.
2. Eine disziplinenübergreifende Kommunikation wird in der ICF gefördert. Dadurch soll die interdisziplinäre und internationale Zusammenarbeit verbessert werden.
3. In der ICF erfolgt die Beschreibung des gesundheitlichen Zustandes bzw. seiner Einschränkungen aus der Sicht der betroffenen Person, die ausdrücklich mit einzubeziehen ist.

Das nicht ausschließlich biomedizinisch orientierte Fundament der ICF wird unter anderem dadurch deutlich, dass in deren Entwicklung unterschiedliche Disziplinen und Berufsgruppen, wie Philosophie, Pädagogik, Politik, Psychologie, Medizin, Soziale Arbeit, Selbsthilfeverbände u. a. (Seidel & Schneider, 2021, S. 9), einbezogen wurden.

Ethische Leitlinien für die Verwendung der ICF wurden formuliert und sollen einen missbräuchlichen Einsatz in der Praxis verhindern. Ein ethischer Grundsatz der ICF fordert „das Respektieren der Autonomie des Menschen, Vertraulichkeit sowie die Einwilligung, Einbeziehung und Kooperation der Person, deren Gesundheitszustand oder Funktionsfähigkeit mit der ICF beschrieben und klassifiziert werden soll" (Seidel & Schneider, 2021, S. 10). Mit diesem partizipativen Anspruch ist eine Verwendung in der Sozialen Arbeit gut anschlussfähig. Besonders interessant dürfte die Verwendung der ICF für Fachkräfte der spezialisierten Klinischen Sozialen Arbeit sein, da mithilfe dieses Klassifikationssystems die soziale Dimension von Gesundheit und Krankheit hinsichtlich der Beeinträchtigungen der Teilhabe möglich ist. Interdisziplinäres Arbeiten ist in klinisch-sozialen Handlungsfeldern weit verbreitet. Auch vor diesem Hintergrund ist die ICF ein vielversprechendes Werkzeug für die Klinische Soziale Arbeit.

Für das Anliegen dieses Fallbuches ist es nicht zielführend, ausführlich auf die einzelnen Verschlüsselungen nach der ICF einzugehen. Vielmehr wird hier die Grundstruktur der ICF erklärt und einzelne unserer Fallbeispiele können nach dem biopsychosozialen Modell der ICF analysiert und bewertet werden. Die Nutzung dieses Modells eignet sich als Grundlage für die Formulierung einer Sozialen Diagnose. Eine so gewonnene Soziale Diagnose kann in einem weiteren Schritt in ein geeignetes Klassifikationssystem eingeordnet und codiert werden. Die Übung der fallbezogenen Handhabung des biopsychosozialen Modells der ICF soll als ein vorbereitender Schritt für eine mögliche spätere Codierung nach der ICF verstanden werden.

Im biopsychosozialen Modell der ICF wird die Wechselwirkung von insgesamt sechs Komponenten dargestellt (Abb. 9).

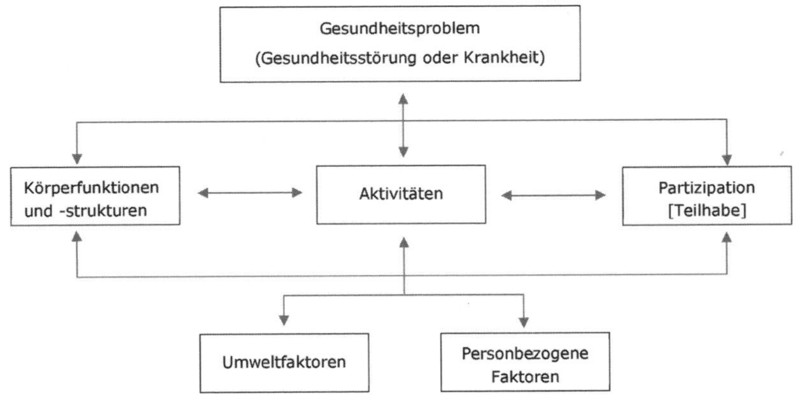


Abb. 9: Biopsychosoziales Modell der ICF, eigene Darstellung nach Seidel & Schneider, 2021, S. 12

Ausgehend von einem Gesundheitsproblem, das z. B. nach dem ICD-Schlüssel als Gesundheitsstörung oder Krankheit klassifiziert werden kann, werden Wechselwirkungen zwischen den einzelnen Komponenten sichtbar. Mit dem Gesundheitsproblem stehen die Körperfunktionen und -strukturen sowie die Aktivitäten und Partizipation (Teilhabe) in einer wechselseitigen Beziehung. Dabei sind alle diese Komponenten durch wechselseitige Beeinflussungen charakterisiert. Mit der Komponente der Aktivitäten stehen zwei weitere Komponenten in Wechselwirkung: die Umweltfaktoren und die personbezogenen Faktoren, wobei diese beiden sich ebenfalls in einer wechselseitigen Beziehung befinden.

Nach Seidel & Schneider (2021, S. 91ff.) kann das biopsychosoziale Modell der ICF fallbezogen angewendet und es können Informationen zu den einzelnen Komponenten erfasst werden. Dabei unterscheiden die Autorin und der Autor zwischen den erfassten Komponenten Ressourcen bzw. Hindernisse und Beeinträchtigungen. Sind die Informationen zu den einzelnen Komponenten dokumentiert, könnte in einem weiteren Schritt unter Zuhilfenahme der ICF-Klassifikation eine Codierung nach ICF erfolgen. Seidel & Schneider (2021, S. 91) weisen darauf hin, dass die „praktische Anwendung der ICF auch ohne die Aufführung der Kodes gut möglich" ist. Abgeleitet aus dem biopsychosozialen Modell der ICF (siehe Abb. 9) sehen Seidel & Schneider (2021, S. 91ff.) dieses Erfassungsschema vor (Abb. 10):

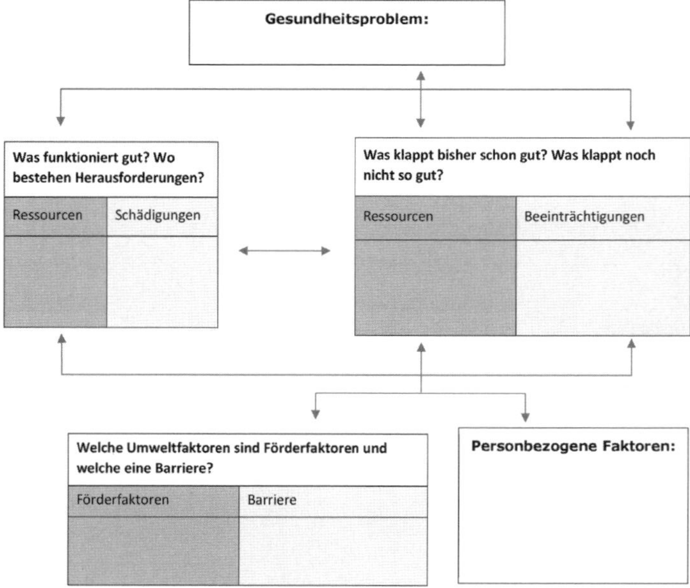


Abb. 10: Ressourcen- und beeinträchtigungsbezogenes Erfassungsschema der ICF-Komponenten, eigene Darstellung nach Seidel & Schneider, 2021

**Körperfunktionen und -strukturen:** Die Komponente der Körperfunktionen umfasst die physiologischen Funktionen von Körpersystemen, einschließlich der psychologischen Funktionen. Mit den Körperstrukturen werden die anatomischen Teile des Körpers, wie bspw. Organe oder Gliedmaßen, erfasst. Die Komponente der Körperfunktionen und -strukturen kann in der Regel nicht aus dem Bereich der (Klinischen) Sozialen Arbeit heraus klassifiziert werden. Dennoch ist es für eine interdisziplinäre Bearbeitung eines Falles wesentlich, in dem Erfassungsschema auch die Funktionsfähigkeit und Behinderung bezüglich der Körperfunktionen und -strukturen einzutragen, wenn aus anderen Disziplinen Diagnosen vorliegen. Liegen (noch) keine Diagnosen zu dieser Komponente vor, können Fachkräfte der (Klinischen) Sozialen Arbeit sich an zwei Leitfragen orientieren, um Auffälligkeiten zu dokumentieren und eine Abklärung durch entsprechende weitere Fachkräfte anzustoßen:

- Leitfrage Körperfunktionen: „Funktioniert alles (das jeweilige Organsystem) wie erwartet?“ (Seidel & Schneider, 2021, S. 12)
- Leitfrage Körperstrukturen: „Sieht alles (außen und im Körper) so aus wie erwartet?“ (Seidel & Schneider, 2021, S. 12)

Das Erfassungsschema der ICF-Komponenten ermöglicht es, Ressourcen und Schädigungen zu unterscheiden. Somit ist die explizite Erfassung von einer gegebenen Funktionsfähigkeit ebenso möglich wie die Darstellung von Problembereichen. Für die Bearbeitung der fallbezogenen Problematik durch die (Klinische) Soziale Arbeit lassen sich die dokumentierten Ressourcen für die Interventionsplanung nutzen.

**Aktivitäten und Partizipation (Teilhabe):** Für das ressourcen- und beeinträchtigungsbezogene Erfassungsschema werden die Komponenten der Aktivitäten und der Partizipation (Teilhabe) in einem Feld zusammengefasst. Hier handelt es sich um einen Bereich, der zum primären disziplinären Zuständigkeitsbereich der (Klinischen) Sozialen Arbeit gehört. Daher sollen die zu erfassenden Inhalte nach der ICF-Klassifikation ausführlicher dargestellt werden. Zunächst benennen Seidel & Schneider (2021, S. 12) zwei Leitfragen, an denen Fachkräfte sich bei der Erfassung fallbezogener Inhalte orientieren können:

- Leitfrage Aktivitäten: „Kann der Mensch alleine das tun, was er möchte?“
- Leitfrage Partizipation (Teilhabe): „Kann der Mensch mit anderen das tun, was er möchte?“

Die ICF-Klassifikation unterscheidet insgesamt neun Lebensbereiche, in denen sich Aktivität und Partizipation widerspiegeln. Jeder Lebensbereich ist in einem eigenen Kapitel ausführlich dargestellt und differenziert codierbar. Soll das Erfassungsschema der ICF-Komponenten angewendet werden, empfiehlt sich die Orientierung an den neun definierten Lebensbereichen. Diese sind:

- Kapitel 1: Lernen und Wissensanwendung
- Kapitel 2: Allgemeine Aufgaben und Anforderungen

- Kapitel 3: Kommunikation
- Kapitel 4: Mobilität
- Kapitel 5: Selbstversorgung
- Kapitel 6: Häusliches Leben
- Kapitel 7: Interpersonelle Interaktionen und Beziehungen
- Kapitel 8: Bedeutende Lebensbereiche
- Kapitel 9: Gemeinschafts-, soziales und staatsbürgerliches Leben

Werden bei der Analyse einer Fallthematik Fragestellungen oder Probleme zu einem oder mehreren dieser Lebensbereiche deutlich, kann in der ICF-Klassifikation nachgeschlagen und die Bewertung der Situation näher differenziert werden. Im Erfassungsschema ist es vorgesehen, nach Ressourcen und Beeinträchtigungen hinsichtlich der Aktivitäten und der Partizipation (Teilhabe) zu unterscheiden. Für die (klinisch-)sozialarbeiterische Interventionsplanung ist das eine unterstützende Informationsgrundlage.

Die ICF-Klassifikation ist in zwei Hauptteile gegliedert. Die bereits erläuterten Komponenten der Körperfunktionen und -strukturen sowie der Aktivitäten und Partizipation (Teilhabe) werden in Teil 1 unter der Überschrift „Funktionsfähigkeit und Behinderung" zusammengefasst. Teil 2 der ICF-Klassifikation ist mit „Kontextfaktoren" überschrieben. Hier finden sich die beiden restlichen Komponenten des biopsychosozialen Modells der ICF-Klassifikation: die Umweltfaktoren und die personbezogenen Faktoren.

**Umweltfaktoren:** Dieser Bereich umfasst einen weiteren Kernbereich der disziplinären Zuständigkeit der (Klinischen) Sozialen Arbeit. Hier werden externe Einflüsse auf den Menschen und dessen gesundheitliches Wohlbefinden abgebildet. Dazu zählen materielle, soziale und einstellungsbezogene äußere Faktoren, die einen Menschen umgeben (Seidel & Schneider, 2021, S. 12). Die ICF-Klassifikation unterscheidet in fünf Kapiteln diese Umweltfaktoren:

- Kapitel 1: Produkte und Technologien
- Kapitel 2: Natürliche und vom Menschen veränderte Umwelt
- Kapitel 3: Unterstützung und Beziehungen
- Kapitel 4: Einstellungen
- Kapitel 5: Dienste, Systeme und Handlungsgrundsätze

Entlang der Leitfrage für Umweltfaktoren können im Erfassungsschema „Förderfaktoren" und „Barrieren" (Seidel & Schneider, 2021, S. 91ff.) erfasst werden. Gibt es bei der Analyse der Fallthematik Hinweise auf relevante Umweltfaktoren, können diese mithilfe der einzelnen Kapitel der ICF-Klassifikation differenziert dargestellt werden.

- Leitfrage Umweltfaktoren: „Was oder wer hilft dem Menschen (Förderfaktor), was oder wer behindert den Menschen (Barriere)?" (Seidel & Schneider, 2021, S. 12)

**Personbezogene Faktoren:** Diese Komponente gehört ebenfalls zu den Kontextfaktoren, über die mithilfe der ICF-Klassifikation Aussagen getroffen werden können. Inhalte, die hier erfasst werden, sind vermutlich für alle fallbeteiligten Fachkräfte relevant. Jede involvierte Disziplin kann aus ihrer Perspektive spezifische Einschätzungen vermerken. Grundsätzlich werden Merkmale der Person dokumentiert, die auch im Erfassungsschema festgehalten werden können. Den Prinzipien der Sozialen Diagnostik folgend, sollen diese Informationen in Relation zur bearbeitenden Frage- oder Problemstellung im Fall stehen. Anders als die übrigen Komponenten der ICF können personbezogene Faktoren nicht codiert werden. Persönlichkeitsmerkmale werden nicht standardisiert und bewertet, um Missbrauch, Missverständnisse, Stigmatisierung und Benachteiligung durch eine solche Codierung zu verhindern. Die Vielfalt von Merkmalen einer Person soll bewusst reflektiert werden, um die Relevanz für die Erklärung bzw. Bearbeitung eines Problems zu erkennen. Personbezogene Faktoren erfassen Merkmale, die als „Eigenschaften und Attribute der Person“ verstanden werden. Im Erfassungsschema wird vor diesem Hintergrund nicht in Ressourcen oder Hindernisse o. Ä. unterschieden.

- Leitfrage personbezogene Faktoren: „Wie kann der Mensch näher beschrieben werden?“ (Seidel & Schneider, 2021, S. 12)

*Fazit:*
Dieses sozial-diagnostische Verfahren eröffnet eine Perspektive auf die Darstellung und Bewertung biopsychosozialer Ressourcen und Beeinträchtigungen entlang einer interdisziplinären Klassifikation. Es ist daher besonders für interdisziplinäre Handlungsfelder geeignet.

## 6.3 Soziometrische Verfahren

Soziometrie bedeutet, so Stadler (2013, S. 31), „eine, in Abhängigkeit von einem Kriterium, mehr oder weniger ausführliche Netzwerkanalyse“. Wesentlich ist außerdem, dass die Soziometrie nicht nur Netzwerke darstellt und untersucht, sondern auch eine Betrachtung der sich in dem Netzwerk befindlichen Personen einbindet und deren Beziehungen untereinander sowie Gruppenstrukturen analysieren kann (Stadler, 2013, S. 33). Dafür ist ein definiertes Kriterium nötig, nach dem die Netzwerkanalyse ausgerichtet wird. Netzwerkstrukturen werden in der Regel über Linien dargestellt, die anzeigen, welche Personen oder Gruppen in einem sozialen Netz miteinander in Verbindung stehen. Je nach Verfahren können über unterschiedliche Linientypen Beziehungsqualitäten dokumentiert werden. Auch für die Kennzeichnung der Personen in einem Netzwerk kommen unterschiedliche Darstellungsformen zum Einsatz. Hier reicht die Spanne von einem einfachen Symbol pro repräsentierte Person bis hin zu grafisch differenzierten Symbolen, die bereits Merkmale der Personen anzeigen (z. B. Geschlecht, Ethnie, Alter).

Wir stellen im Folgenden vier unterschiedliche Arten der Erfassung von sozialen Netzwerken dar, auf deren Grundlage fallbezogene Netzwerkanalysen vorgenommen werden können. Die Ergebnisse der Netzwerkanalysen können in die Soziale Diagnose einfließen. Pauls (2013, S. 221) betrachtet eine erfolgte Netzwerkdiagnostik als Voraussetzung für „Netzwerkintervention und -förderung".

### 6.3.1 Egozentrierte Netzwerkkarten

Es existieren bereits unterschiedlichste egozentrierte Darstellungsformen von sozialen Netzwerken. Je nach Bedarf und Fragestellung kann die Abbildung eines Netzwerks rings um eine Indexperson beliebig angepasst und nuanciert werden. Wir haben für dieses Fallbuch zwei egozentrierte Netzwerkkarten ausgewählt, die Peter Pantucek-Eisenbacher modifiziert hat.

#### 6.3.1.1 Ecomap

Peter Pantucek (2012) veröffentlichte in Anlehnung an Hepworth et al. (1997, S. 267, zit. n. Pantucek, 2012, S. 220ff.) eine deutschsprachige Variante einer egozentrierten Netzwerkkarte, die als Ecomap bezeichnet wird. Die Indexperson steht in der Mitte der Netzwerkdarstellung. Die Ecomap zeichnet sich dadurch aus, dass bestimmte Bestandteile eines ökosozialen Kontextes einer Person bereits in der Karte vorgezeichnet sind. Es finden sich konkret benannte Personen, aber auch Institutionen (z. B. Schulen), die konzentrisch um die Indexperson angeordnet sind. In der Ecomap sind die unterschiedlichen Organisationsgrade des sozialen Netzes mithilfe konzentrischer Linien markiert, sie können die Analyse unterstützen. Die Indexperson verkörpert den/die Klient:in. Die Indexperson wählt jene Personen und Institutionen auf der Karte aus, zu denen aktuell Kontakt besteht. Ein vorhandener Kontakt (der sich sowohl auf eine Person als auch auf eine Institution beziehen kann) wird über eine Linie zwischen Indexperson und Kontakt angegeben. Mithilfe dieses Vorgangs entsteht ein Bild darüber, mit welchen Kontakten die Indexperson in ihrem sozialen Umfeld ausgestattet ist. Vorteil der Ecomap ist es, so Pantucek (2015), dass Klient:innen die Netzwerkkarte in einer Beratungssituation selbstständig ausfüllen können. Die bereits eingetragenen Begriffe geben eine Orientierung, welche sozialen Kontakte von Bedeutung sein könnten. Selbstverständlich wäre es auch möglich, im Bedarfsfall soziale Kontakte oder Institutionen zu ergänzen (Abb. 11). Aus unserer Sicht ist die Ecomap besonders bei Sprachbarrieren hilfreich, da das Wiedererkennen von Begriffen möglicherweise leichterfällt als das aktive Benennen spezieller Netzwerkbestandteile. Für ungeübte Anwender:innen könnte die Fülle der vorgegebenen Begriffe zunächst unübersichtlich sein. Die Ecomap ist zunächst nicht dafür vorgesehen, Beziehungen zwischen den Kontakten des Netzwerks untereinander, d.h. abseits der Indexperson, darzustellen. Dies wäre selbstverständlich denkbar, jedoch kann diese Abbildung aufgrund der feststehenden Positionierung der Kontakte in der Karte leicht unübersichtlich werden.

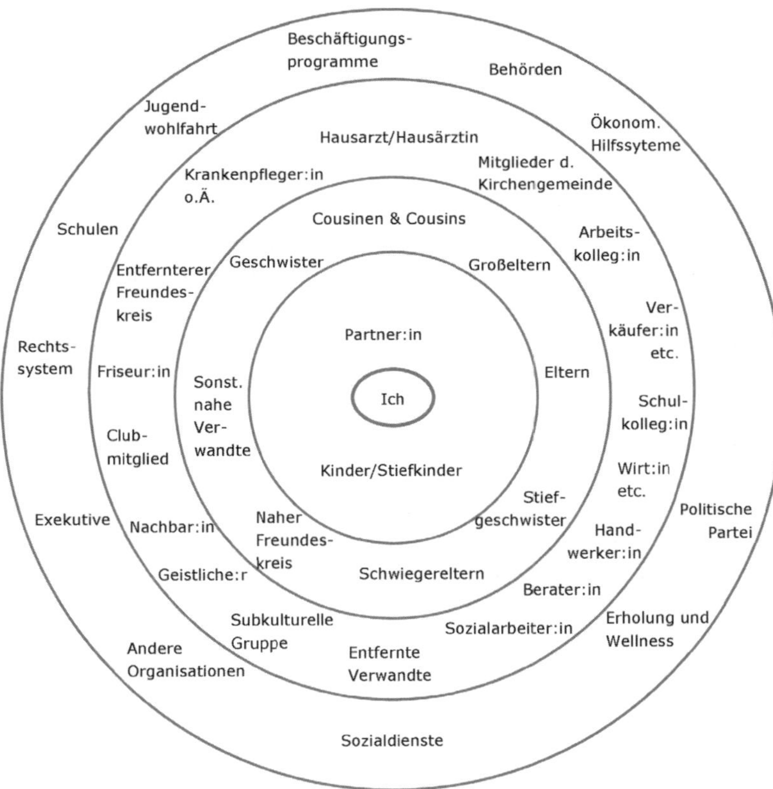


Abb. 11: Ecomap, eigene Darstellung nach Pantucek-Eisenbacher, 2019b, S. 219

*Fazit:*

Der Fokus dieses sozial-diagnostischen Verfahrens liegt auf einer überblicksartigen Darstellung sozialer Kontakte einer Indexperson in ihrem ökosozialen Kontext. Es wird mit einer vorgefertigten Auswahl an Kontaktmöglichkeiten gearbeitet. Das Analysekriterium ist hierbei, zu erfassen, welche sozialen Kontakte in einzelnen Netzwerkebenen zu einem bestimmten Zeitpunkt überhaupt bestehen.

#### 6.3.1.2 Egozentrierte 4-Sektoren-Netzwerkkarte

Diese egozentrierte Netzwerkkarte ist in vier Sektoren unterteilt. Der rechte obere Quadrant bezeichnet familiäre soziale Kontakte, der rechte untere Quadrant soziale Kontakte zum professionellen Hilfesystem, der linke untere Quadrant erfasst soziale Kontakte im Schul- und Arbeitskontext und der vierte Quadrant zeigt soziale Kontakte zu Freund:innen und Bekannten. Über die Verwendung von Linien, hier auch als „Kanten" bezeichnet, werden bestehende Kontakte zur Indexperson gekennzeichnet (Abb. 12). Der:Die Klient:in stellt die Indexperson dar. Fachkraft und Klient:in erörtern in einem gemeinsamen Gespräch, zu welchen Personen tatsächlich Kontakte bestehen. Nur diese werden mit einer Linie verbunden. Personen, zu denen aktuell keine Beziehung besteht, werden trotzdem im entsprechenden Sektor markiert, aber nicht mit einer Linie verbunden. Über die gewählte Entfernung zur Indexperson wird dargestellt, wie bedeutsam der Kontakt für die Indexperson ist. Dabei gilt: Je näher ein Kontakt bei der Indexperson eingetragen wird, desto enger wird die Beziehung von ihr erlebt. Die Klient:innen legen fest, in welchen Quadranten und in welcher Entfernung die Kontakte eingeordnet werden sollen. Mitunter kann es hier zu Unsicherheiten kommen, etwa wenn zu Personen, die zum Arbeitsumfeld gehören, auch freundschaftliche Beziehungen bestehen. In so einem Fall darf die Person trotzdem nur einmal eingezeichnet werden. Ausschlaggebend ist, welche Rolle für die Indexperson überwiegt (Pantucek-Eisenbacher, 2019b, S. 200). Mithilfe dieser Netzwerkkarte ist es möglich, auch bestehende Kontakte der Personen eines Netzwerks untereinander, d. h. außerhalb der Indexperson, abzubilden und zu analysieren.

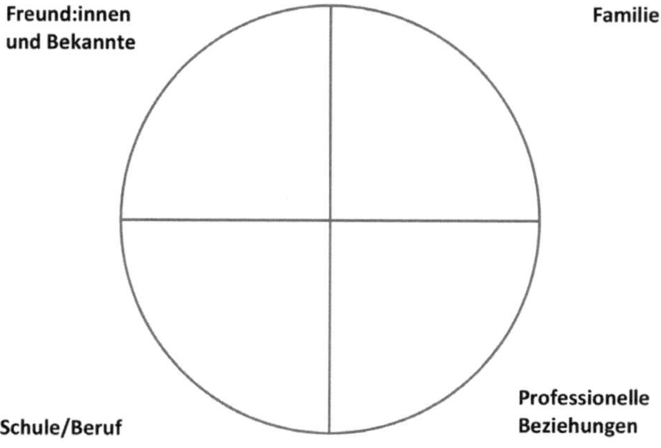


Abb. 12: Sektoreneinteilung der Netzwerkkarte, eigene vereinfachte Darstellung nach Pantucek-Eisenbacher, 2019b, S. 194

Das Ilse Arlt Institut für Soziale Inklusionsforschung der FH St. Pölten entwickelte die Software easyNWK, die kostenlos verfügbar ist und unter https://www.easynwk.com/ heruntergeladen werden kann. Mithilfe dieser Software kann die 4-Sektoren-Netzwerkkarte digital erstellt und analysiert werden. In der digitalen Variante lassen sich drei „Horizonte" (Pantucek-Eisenbacher, 2019b, S. 203) einblenden, die hinsichtlich der Beziehungsqualität unterschiedliche Nähe-Distanz-Verhältnisse zwischen Indexperson und Kontaktperson bedeuten (Abb. 13). Die Software easyNWK ermöglicht eine einfache Auswertung der Netzwerkkarten in Bezug auf die Netzwerkgröße und die Netzwerkdichte. Pantucek-Eisenbacher (2019b, S. 202) empfiehlt bei virtuellen Kontakten, dass diese zwar verzeichnet, aber ohne Verbindung (ohne Kante) zur Indexperson dargestellt werden. Begründet wird dieser Hinweis damit, dass der Indexperson bei ausschließlich virtuellen Kontakten der Face-to-Face-Bezug fehlt. Nach den Erfahrungen der COVID-19 Pandemie sollte diese Handhabung aus unserer Sicht verändert werden. Es kann ansonsten bei der Netzwerkanalyse zu Verzerrungen der Einschätzung dahingehend kommen, welche und wie viele Personen in welchem Kontext und in welchem Nähe-Verhältnis zum sozialen Netz einer Person gehören.

*Fazit:*
Der Fokus dieses sozial-diagnostischen Verfahrens liegt auf der Darstellung und Bewertung sozialer Kontakte, die vier vordefinierten Bereichen zugeordnet sind. Das Analysekriterium ist hier die Frage nach der Rolle persönlicher Kontakte und deren Nähe-Verhältnis zur Indexperson. In der digitalen Variante können außerdem Netzwerkgröße und -dichte bestimmt werden.

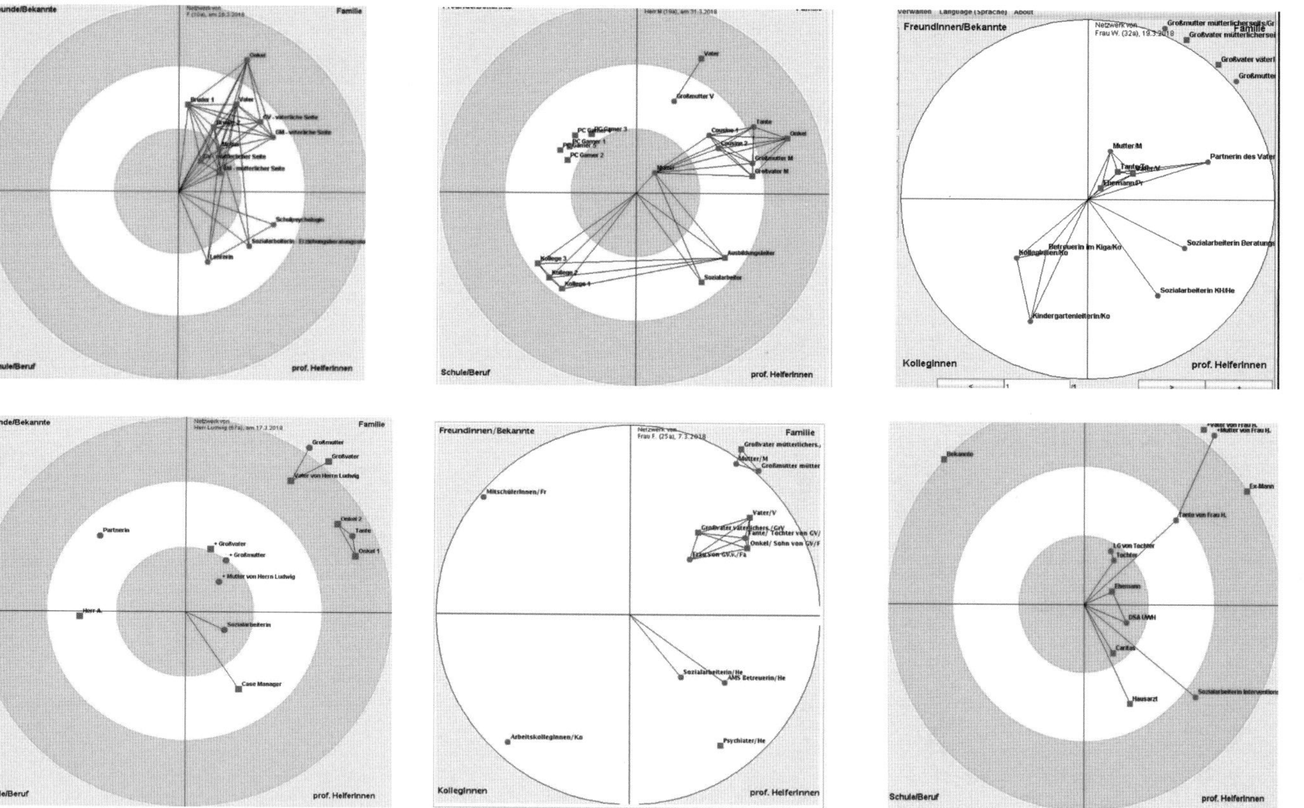


Abb. 13: Mittels easyNWK digital erstellte 4-Sektoren-Netzwerkkarten, eigene Darstellung

#### 6.3.1.3 8-Felder-Karte

Eine weitere Variante einer egozentrierten Netzwerkkarte ist die 8-Felder-Karte. Dieter Röh (2018, S. 328ff.) stellt diese von ihm modifizierte Variante vor. Ziel der Anpassung war es, eine egozentrierte Darstellung um eine „sozialräumliche Perspektive" (Röh, 2018a, S. 328) zu erweitern, die mit der Erfassung sozialer Unterstützung kombiniert werden kann. Die 8-Felder-Karte besteht aus einem in acht Sektoren eingeteilten Kreis. Jeder Sektor ist mit konkreten Teilen eines sozialen Netzwerks bezeichnet. Darunter sind sowohl Personen als auch Institutionen gefasst. Diese Sektorenbezeichnungen sind zu finden (Röh, 2018a, S. 330): (1) Familie, (2) Verwandtschaft, (3) Kolleg:innen, (4) Nachbarschaft, (5) Freund:innen/Partner:innen, (6) Verein, Kirche, Volkshochschule u. a., (7) Bekannte, Sonstige und (8) Profis. Außerdem ist die in Sektoren unterteilte Netzwerkkarte in drei konzentrische Ebenen unterteilt (Abb. 14).

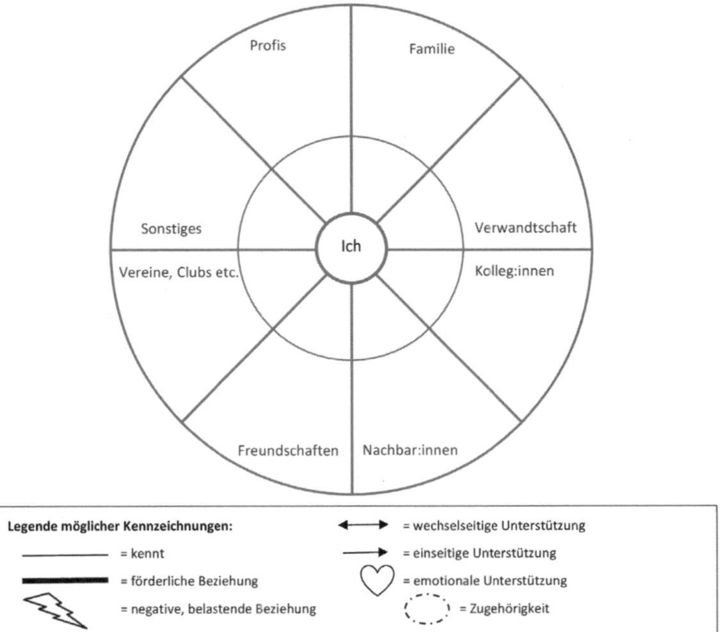


Abb. 14: 8-Felder-Karte, eigene Darstellung in Anlehnung an Röh, 2018a, S. 330

Die drei konzentrischen Ebenen dienen zur Abbildung der Relevanz des Kontaktes für die Indexperson im Zentrum des Kreises. Im innersten Kreis sollen „sehr wichtige", im mittleren „wichtige" und im äußeren Kreis „weniger wichtige Beziehungen" (Röh, 2018a, S. 231) eingetragen werden. In einem Gespräch zwischen Fachkraft und

Klient:in wird eruiert, über welche Kontakte die Indexperson verfügt und welchem Sektor dieser Kontakt am besten zuzuordnen ist. Anschließend muss noch bestimmt werden, wie weit entfernt von der Indexperson die Eintragung vorgenommen werden soll. Der Kontakt wird dann in der Netzwerkkarte eingezeichnet und mit einer verbindenden Linie zur Indexperson versehen. Mitunter dürfte sich eine ähnliche Frage wie bei der 4-Sektoren-Netzwerkkarte ergeben, wo Personen einzutragen sind, die mehreren Kontexten angehören (bspw. wenn die Schwiegermutter gleichzeitig die Arbeitskollegin der Indexperson ist). Obwohl Röh (2018a) hier keinen konkreten Handhabungshinweis gibt, würden wir ähnlich wie bei obiger Karte verfahren und die Person dort einzeichnen, wo die dominante Rolle für die Indexperson und die Fragestellung im Fall deutlich wird. Schwierigkeiten könnten sich auch in der Unterscheidung der Sektoren „Familie“ und „Verwandtschaft“ ergeben. Auch hier finden sich bei Röh (2018a) keine handlungsleitenden Vorgaben. Plausibel scheint für einen solchen Fall einer unsicheren Sektorenzuordnung aber die partizipative Klärung zwischen Fachkraft und Klient:in. Letztlich obliegt es der Einschätzung des Klienten bzw. der Klientin, in welcher Qualität eine Beziehung erfahren wird (ob sich bspw. die Beziehungsqualität zu den Schwiegereltern eher familiär oder eher verwandtschaftlich anfühlt). Röh (2018a, S. 330) schlägt eine Legende vor, die die Erfassung unterschiedlicher Beziehungsqualitäten mittels verschiedener Linientypen, Pfeile und Symbole erlaubt. So können etwa lose Beziehungen, förderliche vs. konflikthafte Beziehungen, einseitige vs. reziproke Unterstützungsverhältnisse, unterschiedliche Arten sozialer Unterstützung und Unterstützungbedürfnisse gekennzeichnet werden. Die Arten sozialer Unterstützung werden in emotionale, instrumentelle und informationale unterschieden (Röh, 2018a, S. 330). Außerdem können Merkmale der Person, wie z. B. das Geschlecht, mit einem eigenen Symbol versehen werden. Diese Netzwerkkarte erlaubt die Kennzeichnung der Beziehungen der Personen bzw. Institutionen eines sozialen Netzes untereinander, d. h. abseits der Indexperson. Auch hier können die Beziehungsqualitäten festgehalten werden.

*Fazit:*
Der Fokus dieses sozial-diagnostischen Verfahrens liegt auf der Darstellung und Bewertung sozialer Kontakte einer Person mit einem Bezug zu ihrem sozialen Umfeld. Das Analysekriterium liegt hier in der Frage nach der Beziehungsqualität, vor allem im Hinblick auf vorhandene oder gewünschte soziale Unterstützung.

### 6.3.2 Soziales Atom

Die Bezeichnung des sozialen Atoms geht auf Jacob Levy Moreno zurück. Er bezeichnete damit „die kleinste lebendige soziale Einheit“ (Moreno, 1996, S. 159; zit. n. Stadler, 2013, S. 47). Moreno stellte sich die Struktur einer Gemeinschaft in räumlichen und physischen Beziehungen vor, die als soziometrische Geografie verstanden werden kann. Werden die einzelnen Teile der Struktur der Gemeinschaft für sich betrachtet, wird deutlich, welche Position die sozialen Einheiten zueinander einnehmen und wie sie miteinander verbunden sind.

Die klassische Darstellung des sozialen Atoms nach Moreno ist ebenfalls eine egozentrierte (Stadler, 2013, S. 48). Es sind vielfältige Formen der Ausführung möglich, so können soziale Atome per Hand gezeichnet oder digital erstellt werden. Es können aber auch Gegenstände oder Personen für eine Aufstellung verwendet werden.

In der klassischen Variante nach Moreno wurde die Indexperson in die Mitte von drei konzentrischen Kreisen gestellt. Der innerste Kreis bildet die Personen ab, zu denen die Indexperson tatsächlich eine Beziehung hat. Im mittleren Kreis werden jene Kontakte eingeordnet, zu denen die Indexperson eine Beziehung wünscht, und der äußere Kreis „stellt das gesamte Bekanntschaftsvolumen" (Stadler, 2013, S. 48) dar. Theoretisch könnten der innere und der äußerste Kreis deckungsgleich sein, was einem Idealzustand gleichkäme, so Stadler (2013, S. 48). Außerhalb des Bekanntschaftsvolumens bildete Moreno die Masse anderer Menschen ab (Abb. 15).

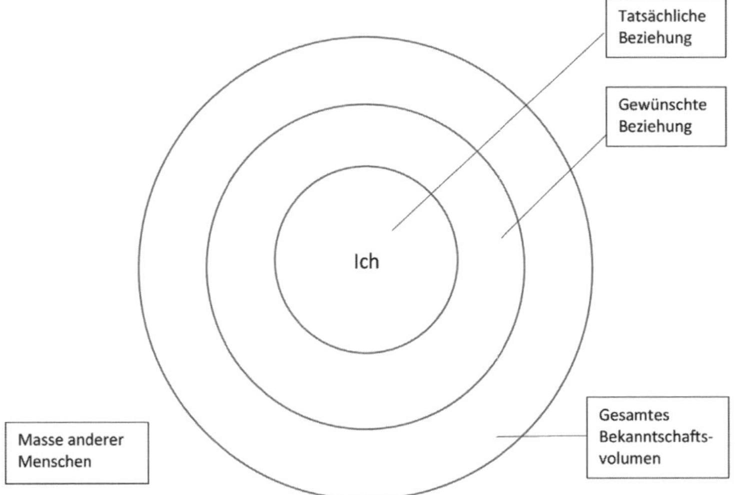


Abb. 15: Klassisches soziales Atom nach Moreno, eigene Darstellung in Anlehnung an Stadler, 2013, S. 48

Es haben sich zwischenzeitlich unterschiedliche Darstellungsformen des sozialen Atoms etabliert. So kommen auch dezentrale Varianten zum Einsatz. Hier steht nicht eine Indexperson im Mittelpunkt eines konzentrisch vorgestellten Netzwerks, sondern der Klient bzw. die Klientin legt zunächst die eigene Position im Raum fest. Bei räumlichen Aufstellungen bedeutet dies, eine bestimmte Stellung in einem festgesetzten räumlichen Bereich einzunehmen. Wird mit Papier und Stift gearbeitet, zeichnet der Klient bzw. die Klientin zunächst ein Symbol für die eigene Person auf eine beliebige Stelle des Blattes. Anschließend werden die anderen sozialen Einheiten im Netzwerk der Klientin bzw. des Klienten so aufgestellt oder angeordnet, dass die empfundene Nähe oder Distanz deutlich wird (Abb. 16).

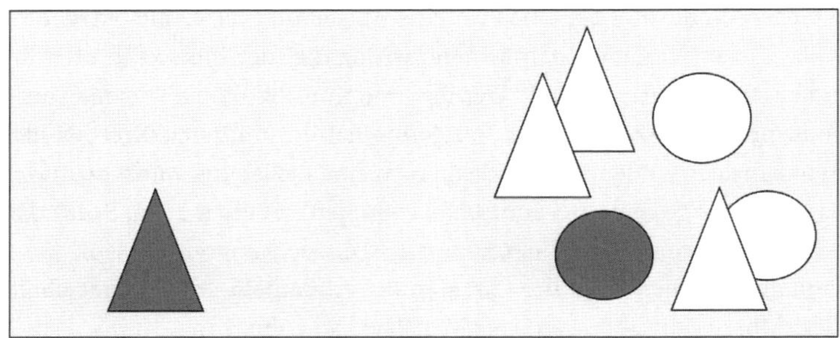

Abb. 16: Dezentrale Darstellung eines sozialen Atoms, eigene Darstellung nach Stadler 2013, S. 51

Sowohl in der klassischen als auch in den abgewandelten Darstellungen beschränken sich die Abbildungen der sozialen Netze mittels sozialer Atome nicht nur auf Personen. Es können auch Tiere oder Gruppen, ja sogar Gegenstände dargestellt werden. Entscheidend ist hierbei, ob das soziale Atom für den Klienten bzw. die Klientin bedeutsam ist. In der Darstellung können Beziehungsqualitäten gekennzeichnet werden. Wird mit Papier und Stift gearbeitet, geschieht dies zumeist über unterschiedliche Linientypen, wobei ein Linientyp einer bestimmten Beziehungsqualität zugeordnet wird. Werden soziale Atome räumlich erstellt, können unterschiedliche Materialien eingesetzt werden, um Beziehungsqualitäten zu kennzeichnen. So ist bspw. die Verwendung von Schnüren, Münzen (Abb. 17), Gummibändern oder Papierstreifen denkbar.

In diesem beispielhaften egozentrierten sozialen Atom einer 20-jährigen Klientin hat sich die Fachkraft für den Einsatz von Euromünzen zur Darstellung der Beziehungsqualitäten entschieden. Je wertvoller, also je bedeutsamer die Person ist, desto höher der Wert der Münze, die sie repräsentiert. Die Kontakthäufigkeit entscheidet über die gewählte Entfernung zur Indexperson. Nach der Anordnung der Münzen wurden am Papier die Beziehungsqualitäten gekennzeichnet. Gerade Linien symbolisieren eine gute, mehrfach gerade Linien eine ausgesprochen gute Beziehung. Wellige Linien verweisen auf problematische oder ambivalente Beziehungsverhältnisse. Dieser Klientin war es ein großes Anliegen, drei Freundinnen darzustellen, zu denen sie bis dato nur online Kontakt hatte, die sie aber als wichtige Bezugspersonen bezeichnet. Diese Wichtigkeit lässt sich an der Wahl der 1-Euro-Münzen zur Darstellung ablesen.

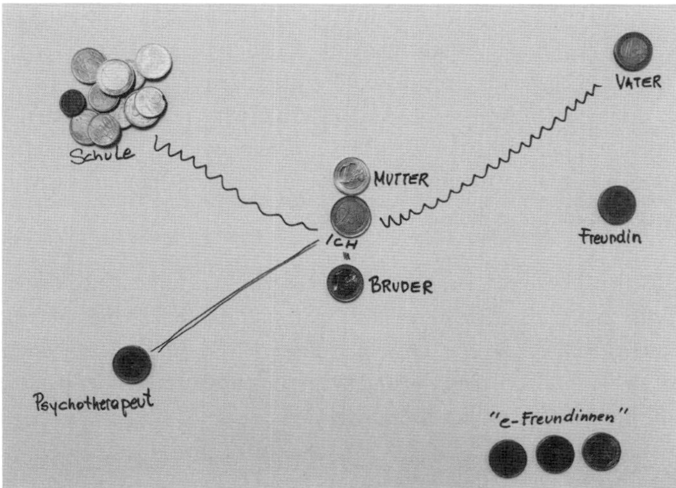


Abb. 17: Egozentriertes soziales Atom mit Beziehungsqualitäten, eigene Darstellung

Das soziale Atom ist vielseitig einsetzbar, wenn unterschiedliche Kriterien zugrunde gelegt werden. Es finden sich neben der Darstellung von persönlichen Beziehungen auch Abbilder sozialer Rollen („Rollenatom“: Stadler, 2013, S. 54) oder soziokultureller Rollen („Soziokulturelles Atom“: Stadler, 2013, S. 55) oder von Projekten im Arbeits- und Organisationsentwicklungskontext („Projektatom“: Stadler, 2013, S. 56).

*Fazit:*
Der Fokus dieses sozial-diagnostischen Verfahrens liegt auf der Darstellung und Bewertung sozialer Einheiten, deren räumlicher und physischer Anordnung zueinander sowie deren Beziehungsqualitäten.

## 6.4 Biografieorientierte Verfahren

„Das eigene Leben zu betrachten, darüber zu erzählen und es zu reflektieren, ist eine der menschlichsten Eigenschaften überhaupt.“ (Gahleitner & Röh, 2018, S. 55) Biografische Erzählungen sind ein fester Bestandteil kulturellen Zusammenlebens und stellen auch in der Sozialen Diagnostik eine zentrale Perspektive dar. Die Biografie eines Menschen beeinflusst seine gegenwärtigen Einstellungen, Verhaltensweisen und sein Selbstverständnis. Mit Klient:innen im Rahmen des sozial-diagnostischen Prozesses auch biografisch zu arbeiten und nicht lediglich während der Anamnese biografische Daten zu erheben, sondern ihre Narrative zur eigenen Biografie bewusst aufzugreifen ist lohnenswert und trägt zweifelsohne zum Gesamtverständnis einer Person bei.

Sozialarbeiterische Fachkräfte sind in ihrer Arbeit ohnehin mit biografischen Erzählungen von Klient:innen konfrontiert. In Klient:innenaussagen finden sich bspw. Verweise auf zurückliegende Ereignisse oder die jetzige Problemlage wird durch die vorherigen Erfahrungen begründet. Andersherum wird von Klient:innen die soziale oder biografische Einbettung der aktuellen Problemlage teils auch dekontextualisiert wahrgenommen und ein Zusammenhang mit der eigenen Biografie wird möglicherweise negiert (Gahleitner & Röh, 2018, S. 60).

Bei biografischen Verfahren lässt sich eine Vielzahl von unterschiedlichsten Methoden finden, die in der sozialarbeiterischen Praxis unterschiedlich bekannt und etabliert sind. Für dieses Fallbuch war es uns ein Anliegen, Verfahren auszuwählen und hier beispielhaft zu beschreiben, die aufgrund bei geringen zeitlichen oder personellen Ressourcen eine hohe Praxistauglichkeit aufweisen.

### 6.4.1 Life-Charts

Life-Charts (oft auch Lebenslinien, Zeitbalken oder Timelines genannt) bilden auf einer Zeitachse die Vergangenheit einer Person von der Geburt bis heute ab. Dabei sind vielfältige Darstellungsformen und Fokussierungen denkbar. In der Regel erfassen Life-Charts zentrale und bedeutsame Ereignisse im Leben einer Person. Bei deren gemeinsamer Erhebung während des sozial-diagnostischen Prozesses sind geleitete Fragen sowie detaillierte Nachfragen zu den jeweiligen Abschnitten hilfreich. Life-Charts können nach der ersten Erstellung und Interpretation zu einem späteren Zeitpunkt wieder herangezogen werden. Einmal erstellt, eignen sie sich hervorragend dazu, im weiteren Betreuungsprozess um neu gewonnene Informationen ergänzt und somit zu einem den gesamten Prozess begleitenden Tool zu werden.

#### 6.4.1.1 Zeitstrahl

Die wohl einfachste Variante eines Life-Charts ist der Zeitstrahl. Entlang einer Linie werden von der Geburt bis heute für die Person relevante oder lebensverändernde Ereignisse eingetragen. Dabei passiert noch keine Kategorisierung, sondern lediglich die Darstellung der subjektiv markanten biografischen Ereignisse. Offene Fragen zu den vergangenen Jahren oder mögliche Vorschläge von häufig in der Biografie auftretenden Ereignissen unterstützen den Erhebungsprozess.

Klient:innen können entweder selbst die für sie einflussreichen Ereignisse im Zeitstrahl eintragen oder die Fachkraft hält die genannten Ereignisse im Zeitstrahl fest.

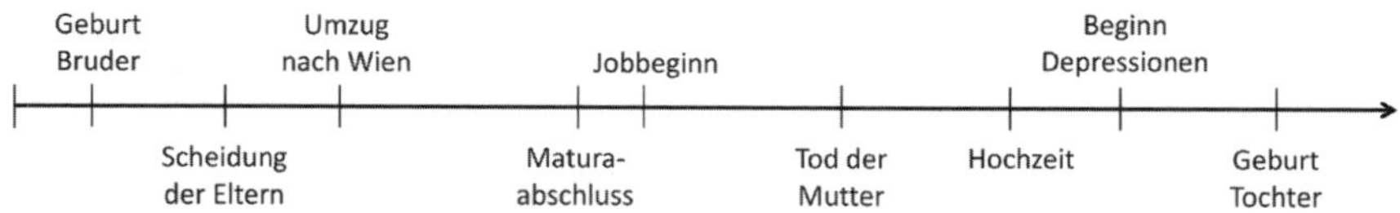


Abb. 18: Zeitstrahl, eigene Darstellung

Wie dieser beispielhaften Grafik (Abb. 18) zu entnehmen ist, werden sowohl negative Ereignisse, die vermutlich eine Herausforderung oder große Anpassungsleistung für die Person darstellten, als auch vermutlich positiv erlebte Lebensereignisse genannt und eingezeichnet.

Der Zeitstrahl muss nicht schriftlich mit Papier und Stift gemacht werden. Eine kreative Darstellungsform mit Kärtchen, Naturmaterialien oder anderen Symbolen, die auf dem Boden aufgelegt, auf eine Tafel gezeichnet, aufgehängt oder bunt bemalt werden, ist ebenso möglich und zweckdienlich. Zur Dokumentation wird der Zeitstrahl in diesem Fall – im Einverständnis mit den Klient:innen –fotografiert und abgelegt.

*Fazit:*
Der Zeitstrahl ist ein einfaches Verfahren, um markante Ereignisse chronologisch geordnet sichtbar zu machen und eine mögliche Häufung oder andere Auffälligkeiten darzustellen. Für intensivere Biografiearbeit ist der Zeitstrahl allein aber wenig aufschlussreich.

#### 6.4.1.2 Gewichtete Lebenslinie

Eine weitere Möglichkeit, mit Klient:innen biografisch zu arbeiten, ist, in Ergänzung zum soeben vorgestellten Zeitstrahl, eine gewichtete Darstellung. Biografisch bedeutsame Ereignisse werden nicht bloß gleichrangig entlang einer Linie eingetragen, sondern hinsichtlich der subjektiven Bedeutung für die Person skaliert. In der Erzählung bzw. auf genauere Nachfrage durch die sozialarbeiterischen Fachkräfte stufen die Personen das Ereignis auf einer Skala von „großartig" bis „katastrophal" ein. Zur zeitlichen Orientierung können Jahreszahlen oder das Alter herangezogen werden. Eine zeitliche Zuordnung ist somit einfacher.

Auch hier gibt es einen Anwendungsspielraum. Nicht bei jeder Jahreszahl muss zwingend ein Ereignis eingetragen werden. Entscheidend für die Eintragung ist wiederum die subjektive Bedeutung für die Person. Bei älteren Personen kann beispielsweise statt einer jährlichen eine zwei- oder fünfjährige Unterteilung gewählt werden. Eine zeitliche Anpassung oder eine inhaltliche Fokussierung sind generell möglich. So wäre die Unterteilung in Monate bspw. bei der Betrachtung eines Zeitraums von einem (etwa dem vergangenen) Jahr sinnvoll. Inhaltlich könnte auf ein Thema fokussiert werden. So wäre der Fokus auf die Suchterkrankung einer Person denkbar. In der Lebenslinie würden dann abstinente oder konsumkontrollierte Phasen, Rückfälle, Behandlungen oder durch die Sucht entstandene zwischenmenschliche Konflikte oder Verluste eingetragen werden.

Gewichtete Lebenslinien wie diese werden zu diesem Zwecke auch in anderen sozial-medizinischen Kontexten herangezogen. So werden beispielsweise ähnliche Tabellen zur Dokumentation der Stimmungslage von bipolar erkrankten Personen verwendet.

Lebenslinie

Name: ____________

Datum der Erhebung: ____________

| Jahr/Alter: | 1 | 2 | 3 | 4 | 5 | 6 | 7 | 8 | 9 | 10 | 11 | 12 | 13 | 14 | 15 | 16 | 17 | 18 | 19 | 20 | 21 | 22 | 23 | 24 | 25 | 26 |
|---|---|---|---|---|---|---|---|---|---|---|---|---|---|---|---|---|---|---|---|---|---|---|---|---|---|---|
| großartig | | | | | | | | | | | | | | | | | | | | | | | | | | |
| sehr gut | | | | | | | | | | | | | | | | | | | | | | | | | | |
| gut | | | | | | | | | | | | | | | | | | | | | | | | | | |
| eher gut | | | | | | | | | | | | | | | | | | | | | | | | | | |
| neutral | | | | | | | | | | | | | | | | | | | | | | | | | | |
| eher schlecht | | | | | | | | | | | | | | | | | | | | | | | | | | |
| schlecht | | | | | | | | | | | | | | | | | | | | | | | | | | |
| sehr schlecht | | | | | | | | | | | | | | | | | | | | | | | | | | |
| katastrophal | | | | | | | | | | | | | | | | | | | | | | | | | | |

Abb. 19: Lebenslinie, eigene Darstellung

Mit einer freieren Einteilung in positiv oder negativ erlebt und der Verbindung der einzelnen Punkte entsteht ein Lebenspanorama, das grafisch einer Bergkette ähnelt und wunderbar die biografischen Höhen und Tiefen einer Person bildlich wiedergibt. In der Zeichnung des eigenen Bergpanoramas können die einzelnen Knoten beschriftet oder mit Symbolen sowie mit Jahreszahlen versehen werden.

Abb. 20: Bergkette, eigene Darstellung

*Fazit:*

Gewichtete Lebenslinien bilden neben den zentralen biografischen Erlebnissen auch deren subjektive Bedeutung ab und geben damit Aufschluss über Zeitspannen, die von Klient:innen möglicherweise als einfacher oder herausfordernder erlebt wurden. Zusammenhänge oder bedingte Ereignisse können gewichteten Lebenslinien entnommen werden.

### 6.4.1.3 Vertikaler Life-Chart

Eine nochmals andere Darstellung einer Lebenslinie ist der vertikale Life-Chart. Anstatt einer horizontalen Achse wird biografisch Relevantes hier von oben nach unten festgehalten. Zur Übersicht dient neben der chronologischen Darstellung auch eine Eintragung in unterschiedlichen Farben. Neutrale Ereignisse werden beispielsweise in Schwarz, besonders freudige in Grün oder sehr belastende oder traumatische in Rot geschrieben. In einer nochmals anderen Farbe, Blau etwa, werden Ressourcen oder unterstützende, hilfreiche Erfahrungen festgehalten.

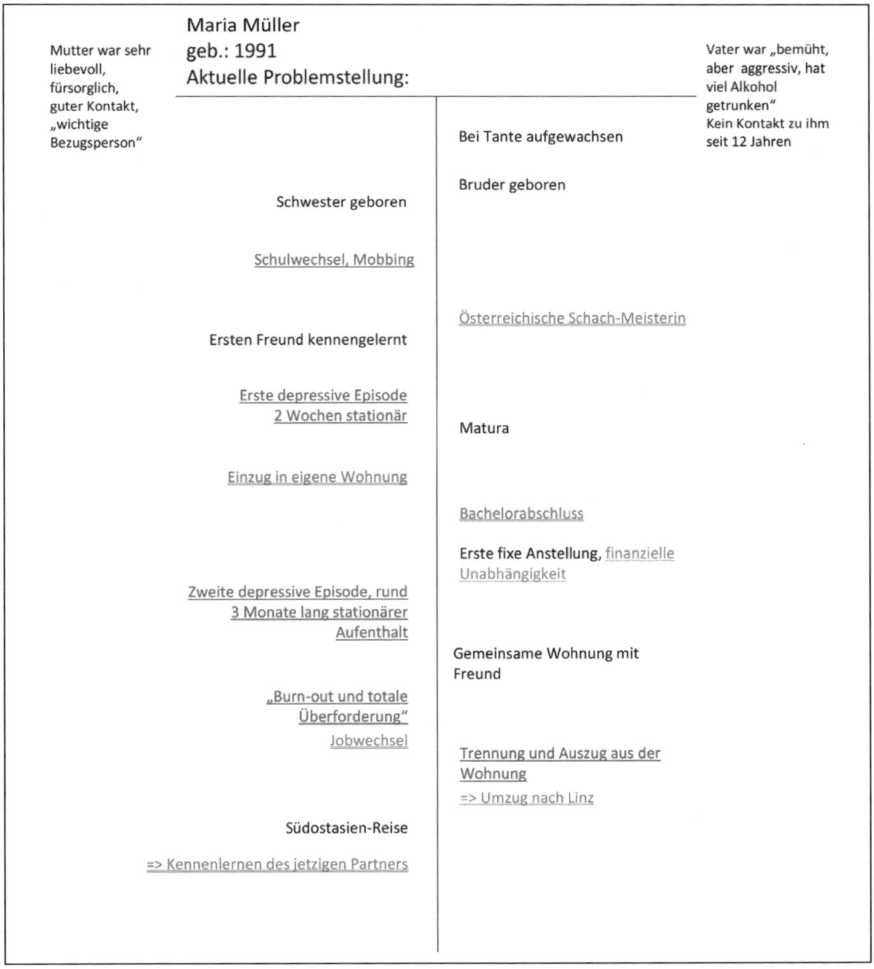

Maria Müller
geb.: 1991
Aktuelle Problemstellung:

Mutter war sehr liebevoll, fürsorglich, guter Kontakt, „wichtige Bezugsperson"

Vater war „bemüht, aber aggressiv, hat viel Alkohol getrunken"
Kein Kontakt zu ihm seit 12 Jahren

Bei Tante aufgewachsen

Bruder geboren

Schwester geboren

Schulwechsel, Mobbing

Österreichische Schach-Meisterin

Ersten Freund kennengelernt

Erste depressive Episode
2 Wochen stationär

Matura

Einzug in eigene Wohnung

Bachelorabschluss

Erste fixe Anstellung, finanzielle Unabhängigkeit

Zweite depressive Episode, rund 3 Monate lang stationärer Aufenthalt

Gemeinsame Wohnung mit Freund

„Burn-out und totale Überforderung"
Jobwechsel

Trennung und Auszug aus der Wohnung
=> Umzug nach Linz

Südostasien-Reise

=> Kennenlernen des jetzigen Partners

Abb. 21: Vertikaler Life-Chart, eigene Darstellung

Durch diese Darstellung ist in der Biografie mancher Personen gut erkennbar, welche positiven Auswirkungen anfangs negativ erscheinende Ereignisse schlussendlich hatten und umgekehrt.

### 6.4.2 Biografischer Zeitbalken

Ein im Gegensatz zu den anderen Life-Charts mehrdimensionales Modell ist der biografische Zeitbalken nach Peter Pantucek-Eisenbacher (2019b, S. 223f.). Lebensereignisse können als mehrdimensionales Geschehen notiert werden. Die horizontale Achse erfasst den Zeitraum von der Geburt bis heute. Auf der vertikalen Achse finden sich folgende Dimensionen: Familie, Wohnen, Bildung, Arbeit, Gesundheit, Behandlung/Hilfe und Sonstiges sowie eine frei definierbare Dimension (Pantucek-Eisenbacher, 2019a, S. 342). Diagnostisch lassen sich mit dieser Differenzierung Lebensveränderungen und deren Auswirkungen auf die unterschiedlichen Ebenen gut darstellen. Lebensgeschichtliche Umbrüche werden durch die zeitnahen Veränderungen auf mehreren Dimensionen ersichtlich. Somit ist der biografische Zeitbalken nicht auf ein Thema fokussiert, sondern problemunabhängig anzuwenden. Panutcek-Eisenbacher (2019, S. 224f.) verweist hinsichtlich der Anwendungsmöglichkeiten auf zwei Varianten: Entweder wird das Vorhaben den Klient:innen gegenüber angekündigt; sie können Fotoalben, Dokumentenmappen oder andere Erinnerungshilfen zum Termin mitbringen und die Bearbeitung beginnt dort mit einem leeren Blatt Papier. Oder sozialarbeiterische Fachkräfte tragen bereits bekannte Daten, die aus den Akten ersichtlich sind, vorab ein und die weitere Ergänzung erfolgt gemeinsam mit den Klient:innen. Vom Ilse Arlt Institut für Soziale Inklusionsforschung der Fachhochschule St. Pölten wurde ein Programm zur Erstellung von biografischen Zeitbalken entwickelt. Es kann unter www.easybiograph.com kostenlos heruntergeladen werden.

*Fazit:*
Der biografische Zeitbalken ist zwar aufwendiger in der Erstellung als die zuvor beschriebenen Life-Chats, bietet aber durch seine mehrdimensionale Erhebung einen differenzierten biografischen Blick und zeigt etwaige Auswirkungen von lebensgeschichtlichen Ereignissen auf die verschiedenen Dimensionen gut auf.

## 6.5 Ressourcenorientierte Verfahren

Neben spezifisch auf die Ressourcen einer Person abzielenden Verfahren stellt die Ressourcenorientierung im sozial-diagnostischen Prozess eine Haltung und Betrachtungsweise dar, die auf nahezu jedes Verfahren angewendet werden kann. Ziel eines ressourcenfokussierten Diagnostikprozesses ist das Aufzeigen von Ressourcen, wodurch das positive emotionale Erleben einer Person erhöht und die Bearbeitung der problematischen Themen vereinfacht wird. Zudem trägt eine Ressourcenorientierung positiv zur professionellen Arbeitsbeziehung bei. Flückiger und Wüsten (2015, S. 20) empfehlen hierbei sechs Ressourcenperspektiven:

1) Ressourcen wahrnehmen und verstärken sowie an brachliegende Ressourcen heranführen
2) Ressourcen verbalisieren und diese möglichst erlebbar machen
3) Potenzielle Ressourcen, die die Person sich zuschreibt und zur Zielerreichung nutzt, nutzen und motivationale Ressourcen integrieren
4) Persönliche Ressourcen und Ressourcen des sozialen Umfelds fördern
5) Problemunabhängige Ressourcen fokussieren und problemrelevante Ressourcen nutzen
6) Verbrauchbare Ressourcen optimieren und trainierbare Ressourcen fördern bzw. aufrechterhalten

Bevor im Anschluss ein ressourcenorientiertes Verfahren exemplarisch vorgestellt wird, möchten wir an dieser Stelle auf die ressourcenorientierte Erhebung sämtlicher sozial-diagnostischer Daten verweisen. Ressourcenorientierung stellt kein alleiniges Verfahren dar, sondern lässt sich sehr gut in die bisher beschriebenen integrieren:

„Soziale Ressourcen sind die Schlüsselressourcen in erfolgreichen Veränderungs- oder Therapieprozessen." (Flückiger & Wüsten, 2015, S. 49) Daher bietet sich ein ressourcenfokussierter Blick in der Durchführung von soziometrischen Verfahren an. Netzwerkkarten können beispielsweise auch hinsichtlich der von den anderen Personen erhaltenen Unterstützungen oder hinsichtlich deren Potenzialen und Ressourcen beleuchtet werden. Welche Fähigkeiten, welches Wissen, welche positive Eigenschaften oder Talente hatte beispielsweise die Großmutter? Was haben Sie an Ihrer Mutter am meisten geschätzt? Wofür sind Sie ihr besonders dankbar? Gibt es positive Erfahrungen oder Erlebnisse, die Sie mit Ihrem Bruder gemacht haben? Was haben Sie Positives von Ihrem Partner gelernt? Solche Fragen können den Klient:innen helfen, auf erhaltene Unterstützungen oder positiv Erlebtes zu blicken (Flückiger & Wüsten, 2015, S. 46f.). Hierbei erhaltene Antworten können sowohl im Diagnoseverfahren selbst als auch auf einem Extrablatt vermerkt werden. Ressourcenorientierte Fragen müssen nicht immer auf Personen abzielen. Wird, wie im biografischen Zeitbalken, beispielsweise die Schulbiografie erhoben, wären ressourcenorientierte Fragen etwa: Welches war Ihr Lieblingsfach in der Schule? Was haben Sie außerhalb des Unterrichtsstoffs gelernt? Wofür sind Sie besonders dankbar? Was haben Sie an Ihrer Lieblingslehrerin besonders geschätzt? Welche Freiheiten haben Sie während Ihres Schulbesuchs genossen?

Eine weitere Variante der ressourcenorientierten Betrachtungsweise ist das Herausarbeiten von bereits erfolgten ersten Veränderungen. Auch kleine Veränderungen zu Beginn eines Betreuungsprozesses sollen wahrgenommen und verstärkt werden. Was hat sich seit dem ersten Termin positiv verändert? Woran haben Sie erste Veränderungen bemerkt? Was fällt Ihnen jetzt leichter als noch vor vier Wochen? Hätten Sie die eben gestellten Fragen vor einem halben Jahr anders, vielleicht noch negativer, beantwortet?

Je nach Ressourcen der Einrichtung kann ein diagnostisches Verfahren zu einem späteren Zeitpunkt auch wiederholt und so eine Veränderung abgebildet und den Klient:innen aufgezeigt werden. Lebensweltorientierte oder klassifikatorische Verfahren eignen sich zum wiederholten Einsatz besonders.

### Trauma- und Ressourcenlandkarte

Um traumatische Ereignisse interventionsvorbereitend zu erfassen, ist die Erstellung einer Traumalandkarte hilfreich. Eine ressourcenorientierte Vorgehensweise erfolgt vorab mit der Erfassung von Ressourcen. Michaela Huber (2005) schlägt in „Der innere Garten" ein Ressourcendiagramm vor. Dort werden Fähigkeiten, Stärken und alles, das einmal gekonnt wurde, in einer Grafik gesammelt. Huber (2005) lässt dafür ein U auf ein Blatt malen, das als Lebenslinie verstanden werden kann. Links oben wird die Geburt markiert und rechts oben wird das aktuelle Alter notiert. Sämtliche Fähigkeiten über die gesamte Lebensspanne werden hier notiert (Abb. 22). Es kann bereits mit Überlegungen zur Situation vor der Geburt begonnen und dazu können Fragen beantwortet werden, wie zum Beispiel, ob die ausfüllende Person ein erwünschtes Kind war oder wie die Eltern zueinander standen.

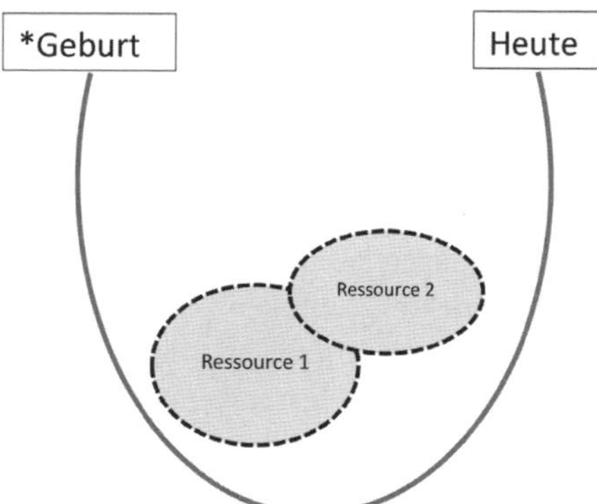


Abb. 22: Ressourcendiagramm, eigene Darstellung in Anlehnung an Huber (2005, S. 88f.)

Wenn bei der Erstellung des Ressourcendiagramms eine belastende Seite einer Ressource auftaucht, kann auf einem gesonderten Blatt ein weiteres U gezeichnet werden. Das U sieht in der Grafik wie ein lächelnder Mund aus, was Huber (2005) als „kleine positive Suggestion“ interpretiert. Auf dem zweiten Blatt werden belastende Ereignisse notiert.

Als weiterer Schritt kann eine Trauma- und Ressourcenlandkarte dargestellt werden, die beispielsweise im Rahmen einer Traumapsychotherapie vertieft werden kann. Für eine Traumalandkarte werden Koordinaten aufgezeichnet, worin traumatische Erfahrungen eingetragen werden. Die horizontale Linie bildet die Lebenslinie von der Geburt (links) bis zum aktuellen Alter (rechts). Die vertikale Linie zeigt die Höhe der Belastung (von 0 bis 10) aus heutiger Sicht. Im Koordinatensystem werden bezogen auf das Lebensalter in der entsprechenden Höhe traumatische Einzelereignisse oder Traumafelder eingezeichnet. Ressourcen werden nach der Markierung eines traumatischen Ereignisses in die Traumalandkarte eingetragen. Hier kann auf das Ressourcendiagramm nach Huber (2005) zurückgegriffen werden. Sowohl belastende Ereignisse als auch Ressourcen werden in der Trauma- und Ressourcenlandkarte über den gesamten Behandlungsverlauf laufend ergänzt, wenn diese erinnert werden (Abb. 23).

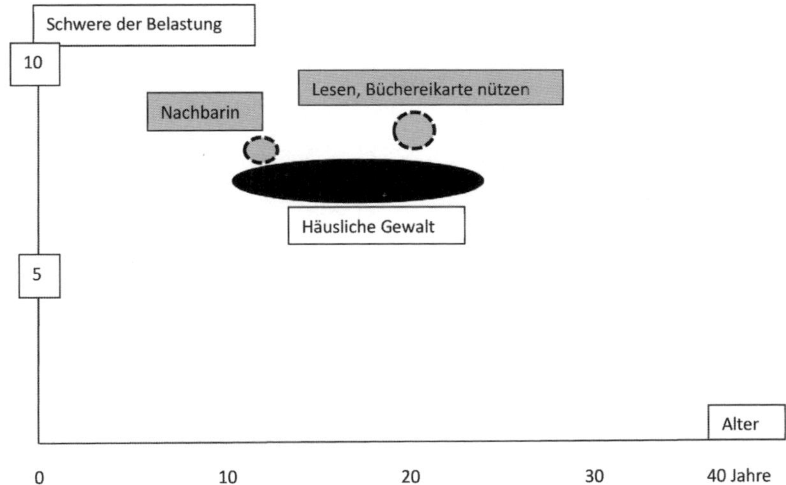


Abb. 23: Trauma- und Ressourcenlandkarte, eigene Darstellung in Anlehnung an Hoffmann (2014) und Huber (2005)

*Fazit:*

Wenn (noch) unklar ist, ob die zu betreuende Person aufgrund traumatischer Erlebnisse einen besonderen Unterstützungsbedarf aufweist, ist die Erstellung einer Trauma- und Ressourcenlandkarte indiziert. Durch den besonderen Fokus auf die Fähigkeiten und Stärken erhalten Klient:innen kein ausschließlich negatives, sondern ein realitätsnäheres Bild ihrer Vergangenheit.

# Fallgeschichten

## Fall A: Psychosoziale Beratungsstelle

A (sie/ihr) ist 21 Jahre alt und sucht die Beratungsstelle wegen Lernschwierigkeiten auf. Vor einigen Monaten überlebte A einen Zugunfall nur sehr knapp. Aufgrund der schweren Verletzungen war A mehrere Wochen im künstlichen Tiefschlaf. Sie wurde mehrfach operiert. Es folgten monatelange stationäre Aufenthalte in Krankenhäusern und Reha-Kliniken.

A studiert Mathematik und war vor dem Unfall die Jahrgangsbeste, wie sie gerne und stolz betont. Die ausgeprägten Lern- und Konzentrationsschwierigkeiten würden ihr nun das Studieren quasi unmöglich machen. A war schon in ihrer Kindheit besonders eifrig. Als Jüngste der Familie wollte sie immer mit ihren vier älteren Brüdern mithalten können. Trotz des vielen Lernens war A sportlich sehr aktiv, nahm erfolgreich an Wettkämpfen teil und hatte einen großen Freundeskreis. Finanzielle Unabhängigkeit ist A besonders wichtig. Sie arbeitete stets, übernahm beispielsweise Modeljobs. A legte immer viel Wert auf ein gepflegtes Äußeres. Seit dem Unfall fällt ihr das Gehen schwer, sie kann keine hohen Schuhe mehr tragen, hat an Gewicht zugenommen und ihre Haare mussten für eine Operation abrasiert werden. Alles, worüber sie sich definierte, ist seit dem Unfall verändert. A bagatellisiert dies völlig und sagt oft nur, dass es andere ja noch schlimmer treffe. Die angebotene Traumatherapie sowie eine psychiatrische Behandlung brauche sie nicht. Lediglich regelmäßige Entlastungsgespräche werden von ihr wahrgenommen, um den Frust über ihre Lernschwierigkeiten teilen zu können. A zeigt in diesen Gesprächen keine Emotionen. Es fällt ihr sehr schwer, sich für all das, was sie im letzten Jahr geschafft und durchgestanden hat, zu loben. Bestärkende Worte von ihrer Familie oder ihrem Freundeskreis kann sie nicht annehmen.

Zum Jahrestag des Unfalls äußerte A erstmals den Wunsch, ein kleines Ritual für sich selbst und ihr „altes Ich“ abzuhalten.

### Fragen zum Fall:

1. Welche Fragen müssen Sie A stellen, um die diagnostische Abklärung auf der primären Ebene durchzuführen?
2. Welche der vier grundlegenden Prinzipien des diagnostischen Fallverstehens werden in diesem Fall besonders sichtbar?

## Fall B: Sozialamt

B (er/sein) ist Anfang 50. Er kommt zum Abklärungsgespräch, das von den Nachbarn vereinbart wurde. Sie machen sich Sorgen, da B sehr verwahrlost wirkt und isoliert lebt. B spricht ausgesprochen schnell und unstrukturiert.

Seine Kindheit sei „maximal schlecht" verlaufen: Die Eltern hätten sich gehasst, seine Mutter war als Sexarbeiterin tätig und hätte nur anderen Männern, aber nie ihm ihre Liebe geschenkt. B sagt von sich selbst, dass er dumm sei. Er hatte große Schwierigkeiten in der Schule und nie Freunde. Er hat keine Ausbildung abgeschlossen, sondern ist zu Baustellen gegangen und hat dort einfach gefragt, ob er mitarbeiten kann. B hatte noch nie eine Partnerin, das hätte die Mutter nicht erlaubt. Die erste körperliche Nähe hat B in einem Bordell erfahren.

Seit dem Tod der Mutter vor 30 Jahren lebt B in ihrer Wohnung. Die Wohnung ist stark verschmutzt. B hat vieles gekauft, aber einen Großteil davon nie ausgepackt. Vor 16 Jahren sei sein Vater an den Folgen seiner Alkoholerkrankung verstorben. Kontakt zu ihm gab es keinen. B hatte vor vielen Jahren zur Weihnachtszeit den Wunsch, Verwandte kennenzulernen. Dafür hatte er Personen mit dem gleichen Familiennamen im Telefonbuch gesucht. B ist anschließend rund 50 km zu Fuß zu ihnen gegangen, hat nachts an ihr Fenster geklopft und „Frohe Weihnachten" gerufen. Dabei hat er unabsichtlich das Fenster zerbrochen und seine Hand verletzt. Er wurde daraufhin in einer Psychiatrie untergebracht, wo eine paranoide Schizophrenie diagnostiziert wurde. Weitere stationäre Aufenthalte seien auf ähnliche Art zustande gekommen.

Seit 16 Jahren bezieht B die Berufsunfähigkeitspension. Er verbringt seitdem quasi den ganzen Tag in seiner Wohnung. Kontakt hat er nur zu einem Bekannten, R, den er im Laufhaus kennengelernt hat. R sei kognitiv stark eingeschränkt und könne kaum sprechen. R besucht ihn ab und an in der Nacht, um mit ihm gemeinsam im Bett zu kuscheln.

### Fragen zum Fall:

1. Stellen Sie den Fall anhand des „Ablaufschemas Diagnose" (nach Pantucek, 2012) dar. Betrachten Sie dabei vor allem die Komplexitätsreduktion der erhobenen Daten zwischen Anamnese und Diagnose.
2. Welchen Nutzen versprechen Sie sich vom Einsatz eines biografischen Verfahrens in diesem Fall und welches würden Sie anwenden?

## Fall C: Tageszentrum für Obdachlose

C (sie/ihr) besucht nahezu täglich ein Tageszentrum für obdach- und wohnungslose Menschen. Sie ist 45 Jahre alt, in Ungarn geboren und lebt seit rund 10 Jahren in Wien. Da ihr Lebensgefährte nach elf Jahren Beziehung plötzlich verstorben ist, benötigt C dringend Unterstützung. Sie hatte nie ein eigenes Einkommen, war bei ihm mitversichert und hat bis zu seinem Tod bei ihm gelebt. C hat drei erwachsene Kinder, zu denen nur sporadischer Kontakt besteht. Seit dem Tod ihres Partners ist C obdachlos. Sie versuchte sich mehrmals zu suizidieren, wurde danach jeweils stationär behandelt und ist auch weiterhin psychiatrisch in Behandlung.

Seit wenigen Wochen hat C einen neuen Partner, U. U ist ebenfalls ein Besucher des Tageszentrums. Er ist alkoholkrank und seiner Partnerin C gegenüber gewalttätig. C lehnt Beratungsgespräche oder weitere Unterstützung durch frauenspezifische Tageszentren oder Gewaltschutzeinrichtungen strikt ab. An wenigen Tagen, zum Beispiel wenn es sehr kalt ist oder nach heftigem Streit, nächtigt C in einem Notquartier. Sie ist sich der Gewalttätigkeit ihres Mannes bewusst, sieht jedoch keine anderen Perspektiven für ihr Leben. Ihr Lebensgefährte sei der Einzige, der ihr ein Stück Sicherheit vermitteln könne.

Eines Tages kommt C mit massiven Gewaltspuren ins Tageszentrum. Sie erzählt, dass sie nachts von fremden Männern überfallen wurde. C ist überzeugt, dass diese von ihrem Ex-Mann geschickt wurden, da sie gegen ihn als Kronzeugin in einem Mordprozess ausgesagt hatte. Zur Bestätigung zeigt sie das Einvernahmeprotokoll und Zeitungsartikel von damals. Seit mehreren Tagen wäre sie schon telefonisch massiv bedroht worden, hat sich aber nicht getraut, jemandem davon zu erzählen. C wird an eine Opferschutzeinrichtung verwiesen. Im Zuge der Vernetzung wird bekannt, dass sie dort schon bekannt ist und bereits mehrmals um Hilfe angesucht hat.

### Fragen zum Fall:

1. Liegt in diesem Fall eine kritische Lebenskonstellation nach dem Lebensbewältigungsansatz nach Böhnisch (2016) vor?
2. Gehen Sie auf die vier Dimensionen der Bewältigungslage nach dem Lebensbewältigungsansatz von Böhnisch näher ein und beschreiben Sie diese anhand von Frau C.

## Fall D: Erwachsenenpsychiatrie

D (er/sein) ist 62 Jahre alt und wohnt in seinem Haus in einem kleinen Dorf. Er hat zwei erwachsene Töchter, die er am Wochenende regelmäßig für gemeinsame Aktivitäten trifft. Sie spielen dann beispielsweise Karten, unternehmen Wanderungen oder gehen gemeinsam in ein Restaurant.

D hatte seit seiner Jugend einen problematischen Alkoholkonsum. Er ist bei der Gemeinde beschäftigt und dort wäre früher erwartet worden, mit den Kollegen am Abend Alkohol zu trinken. Im Gegensatz zu seinem sozialen Umfeld hat er selbst seinen Konsum nie als problematisch erlebt. Aufgrund des Drängens seiner Ehefrau, der Androhung einer Scheidung und den vielen körperlichen Beschwerden, unter denen er mittlerweile sehr litt, hat D vor sieben Jahren einen Entzug gemacht und nach zwei anfänglichen Rückfällen danach gar nichts mehr getrunken.

Vor einem Jahr ist seine Ehefrau an einer Krebserkrankung verstorben. Die letzten Jahre ihrer Beziehung seien die schönsten gewesen, da sie deutlich weniger gestritten und bewusst viel Zeit gemeinsam verbracht hätten. D betont gerne, dass seit seinem Entzug seine Frau viel entspannter geworden wäre, und findet es schade, dass sie davor weniger gut gelaunt war. Eine Mitverantwortung an der damals angespannten Situation durch seinen Alkoholkonsum sieht D nicht. Aus seiner Sicht hatte er nie ein Problem mit Alkohol, den Entzug hat er, wie er jetzt sagt, lediglich aus Liebe zu seiner Frau gemacht.

Vor sechs Wochen hatte D einen heftigen Rückfall, genau am ersten Todestag seiner Ehefrau. Er ist in ein schweres Delir gefallen und muss(te) viele Fähigkeiten erneut erlernen. Nicht gehen zu können hat ihn anfangs besonders frustriert. Mittlerweile ist D motiviert seinen Gesundheitszustand zu verbessern. Er nimmt soweit möglich an Therapie- und Gruppenangeboten teil und möchte auch nach der Entlassung eine sozialpsychiatrische Beratungsstelle aufsuchen.

### Fragen zum Fall:

1. Formulieren Sie für diesen Fall ein passendes Ziel nach den SMART-Kriterien.
2. Analysieren Sie anhand dieses Falles die Soziale Diagnose hinsichtlich ihrer interventionsvorbereitenden und ihrer interventionsplausibilisierenden Funktion.

## Fall E: Senior:innenwohnheim

E (sie/ihr) hat gerade ihren 85. Geburtstag gefeiert. Sie lebt in einem Senior:innenwohnheim. Von den anderen Bewohner:innen wird sie ob ihrer Kreativität sehr geschätzt. E malt viel, porträtiert gerne andere Bewohner:innen, schreibt Gedichte und spielt leidenschaftlich Orgel und Ziehharmonika. Bei Festen bringt sie sich durch Auftritte oder Lesungen ihrer Gedichte ein. Kontakt zu anderen Menschen ist ihr sehr wichtig. Sie ist offen und erzählt gerne von sich und ihrem Leben. E hat einen Sohn und vier Enkeltöchter.

Nach dem Tod ihres Ehegatten musste E in das Wohnheim übersiedeln. Zuvor wurde sie von ihrem Mann gepflegt. Bis zu diesem Zeitpunkt hatte E keinen Überblick über ihre Finanzen und wusste auch nicht, wofür ihr Beträge abgebucht werden. Ihr Mann hätte sich um alles Organisatorische gekümmert und E hätte lediglich ihren Alltag genießen müssen. Beim Einzug ins Wohnheim wurde vieles für sie organisiert und E hat erstmals einen Überblick über ihre Fixkosten erhalten. Obwohl E keine konkreten Anliegen mehr hat, sucht sie wöchentlich die Sozialarbeiterin auf. E berichtet in diesen Gesprächen detailreich von ihrem Alltag und liest aus ihrem Tagebuch vor. Sie führt einen „Stimmungskalender", in dem sie täglich ihr Wohlbefinden protokolliert, das sie von eins bis zehn skaliert.

E beklagt sich häufig über ihre stark eingeschränkte Autonomie. Sie glaubt, nichts allein schaffen zu können. In ihrem Leben hat sie sich meist als hilflos und als Belastung für andere erlebt. Dieses geringe Selbstwirksamkeitsgefühl wird durch ihre eingeschränkte Mobilität verstärkt. Als Folge ihrer Diabeteserkrankung mussten ihr beide Beine unterhalb der Knie amputiert werden. Die Benützung eines Rollstuhles fällt ihr noch schwer.

E hat einen Lebensgefährten, der im selben Wohnheim lebt. E hat ständig Angst, sie sei nicht genug für ihn und er würde sich in eine andere Frau verlieben. E ist eifersüchtig und beobachtet deshalb sehr genau, wann und mit welchen anderen Bewohnerinnen ihr Partner spricht.

### Fragen zum Fall:

1. Was zeichnet eine professionelle Arbeitsbeziehung generell aus? Welche Merkmale einer professionellen Arbeitsbeziehung werden in diesem Fall deutlich?
2. Welche Ressourcen können Sie in diesem Fall diagnostisch erheben?

## Fall F: Wohngemeinschaft für fremduntergebrachte Kinder

F (er/sein) ist sieben Jahre alt. Er wohnt seit vier Monaten in der Wohngemeinschaft (WG). Davor lebte er in einer Krisen-WG und in zwei anderen Wohngemeinschaften. Die Wechsel wurden jeweils vonseiten der Einrichtungen angeregt.

Als F drei Jahre alt war, wurde er, nur mit Windeln bekleidet, gemeinsam mit seiner Mutter beim Betteln auf der Straße aufgegriffen. Seine Mutter war damals 19 Jahre alt und lebte mit ihren beiden Kindern und 22 Hunden in einer Einzimmerwohnung. Die Mutter gab damals an, mit ihrer aktuellen Situation und generell mit ihrem Leben völlig überfordert zu sein. Sie bereute es sehr, Kinder zu haben, und wollte einfach keine Kinder mehr. F und seine damals fünfjährige Schwester wurden daraufhin fremduntergebracht. Persönlichen Kontakt zur Mutter gab es seitdem nicht mehr. Die anfänglich monatlichen Telefonate wurden immer unregelmäßiger. An einem persönlichen Treffen hatte die Mutter nie Interesse.

In der WG sind die Betreuer:innen mit Fs Verhalten sehr gefordert: Er isst alles, was er in die Hände bekommt, beispielsweise auch Müll oder Insekten. F weigert sich in seinem Bett zu schlafen und verbringt die Nächte stattdessen auf dem Fliesenboden im Vorraum der Wohngemeinschaft, weshalb er von den anderen Kindern ausgelacht wird. Er versucht immer wieder, aus der WG wegzulaufen. Wohin er laufen würde, weiß er selbst nicht. F lügt häufig und bestiehlt sowohl die anderen WG-Kinder als auch seine Schulkolleg:innen. In der Schule hat F generell große Schwierigkeiten. Trotz Sonderlehrplans sei er nicht führbar. F ist körperlich aggressiv und macht vieles, was er besitzt, kaputt.

F kann – sobald er nach längerer Zeit zu jemandem Vertrauen gefasst hat – Nähe zulassen und ist den Mitarbeiter:innen gegenüber mittlerweile sehr herzlich und hilfsbereit. Er verbringt seine Zeit gerne in der Natur und hat eine große Begeisterung für Tiere und Pflanzen. Er kümmert sich sorgfältig um den WG-Garten und freut sich sehr, wenn etwas Neues blüht oder er Gemüse ernten kann.

### Fragen zum Fall:

1. Was sind in diesem Fall anamnestische Daten? Welche Soziale Diagnose leiten Sie davon für den Fall ab?
2. Welches sozial-diagnostische Verfahren würden Sie in diesem Fall favorisieren?

## Fall G: Psychosoziale Beratungsstelle

G (sie/ihr) ist 22 Jahre alt und lebt seit fünf Jahren mit ihrem Partner A in Österreich. Das junge Paar ist aus Afghanistan nach Österreich geflohen. In Kabul hat G eine Schule besucht und nebenbei im Haushalt sowie als Erntehelferin gearbeitet. Der Grund für ihre Flucht war der Versuch ihrer älteren Brüder, sie zur Prostitution zu zwingen. In Österreich lebt das Paar im Rahmen der Grundversorgung in einem Asylquartier in einem kleinen Dorf. Mit Unterstützung von zwei Freiwilligen, die Deutschkurse anboten, hat G basale Deutschkenntnisse erworben. In den ersten drei Jahren war sie sehr fleißig und versuchte mit Videos noch besser Deutsch zu lernen. G freute sich immer sehr auf die Deutschkurse. Sie brachte den anderen Tee oder Kuchen mit und unternahm mit den freiwilligen Helferinnen Ausflüge. G pflegte zudem einen guten, regelmäßigen Kontakt zu ihren Eltern. Die Videos und Updates aus Kabul belasteten sie aber sehr.

Seit dem ersten negativen Asylbescheid vor gut zwei Jahren hat G psychische Probleme. Während A recht aktiv ist, sich mit Freunden trifft oder auf benachbarten Bauernhöfen mithilft, bleibt G hauptsächlich im Quartier, um zu „schlafen, zu weinen oder Deutsch zu lernen".

G hat mittlerweile zwei Kinder, eine zweijährige Tochter und einen sechs Monate alten Sohn. In zweiter Instanz wurde das Asylverfahren positiv entschieden. Nach der anfänglichen Euphorie über die Aufenthaltsmöglichkeit in Österreich verschlechterte sich Gs psychischer Zustand zunehmend. Sie nahm nicht mehr an den Deutschkursen teil, fühlte sich mit der Betreuung ihrer Kinder maßlos überfordert und von ihrem Partner im Stich gelassen. G traut sich nicht mehr Deutsch zu sprechen, ihre Sprachkompetenzen haben sich in den letzten Monaten verschlechtert. Über eine der freiwilligen Helferinnen wurde der Kontakt zur Beratungsstelle hergestellt. Derzeit leidet G an einer depressiven Verstimmung und hat oft Schlafstörungen und Alpträume.

### Fragen zum Fall:

1. Wie könnte der subjektiv empfundene Leidensdruck im Rahmen der primären Ebene sozial-diagnostischer Abklärung erhoben werden?

2. Für welche der in diesem Buch vorgestellten Netzwerkkarten würden Sie sich im Rahmen der Sozialen Diagnose in diesem Fall entscheiden? Begründen Sie Ihre Entscheidung.

## Fall H: Lebensmittelausgabe mit Beratungsangebot

H (er/sein) kommt wöchentlich für seinen Lebensmittelbedarf in die Ausgabestelle. Er ist allen Mitarbeiter:innen gut bekannt, plaudert gerne und hat durch die Ausgabestelle einen regelmäßigen sozialen Kontakt.. Bei den letzten Einkäufen wurde er als ungewöhnlich niedergeschlagen und pessimistisch erlebt.

H ist 55 Jahre alt und lebt gemeinsam mit seiner Partnerin in einer Wiener Gemeindewohnung. Seit seiner Geburt wohnt er im selben Haus. Für ihn war es einer der größten Erfolge seines Lebens, nach Auszug aus der elterlichen Wohnung im selben Haus eine eigene Gemeindewohnung zu beziehen.

H hat seit vielen Jahren gesundheitliche Probleme, aufgrund derer er immer wieder als vorübergehend arbeitsunfähig eingestuft wurde. Er bezog Rehabilitationsgeld, welches nach der letzten Begutachtung eingestellt wurde. Er wurde dabei wieder als vollständig arbeitsfähig eingestuft. Diese Begutachtung wurde von H als katastrophal und hoch traumatisierend erlebt. Die Ärztin hätte ihn laut seiner Erzählung überhaupt nicht ernst genommen und wegen seiner psychischen Beschwerden sogar lächerlich gemacht. Gegen den Ablehnungsbescheid des Rehabilitationsgeldes möchte er deshalb keine Klage einreichen. Zu groß ist die Angst vor weiteren negativen Erlebnissen bei einer neuerlichen Begutachtung. Seine Ängste haben sich verstärkt und mittlerweile auf weitere Sozialeinrichtungen ausgeweitet. H hat sich weder arbeitslos gemeldet, um Bezüge vom Arbeitsmarktservice zu erhalten, noch möchte er Unterstützung vom Sozialamt in Anspruch nehmen. Überall sieht er die Gefahr einer ungerechtfertigt schlechten Behandlung und dadurch einer erneuten Traumatisierung. H verzichtet auf jegliche Sozialleistungen und hat kein Einkommen. Sozialversichert ist er über seine Partnerin, die einer Erwerbstätigkeit nachgeht.

### Fragen zum Fall:

1. Welche nach dem Systemtheoretischen Paradigma (Staub-Bernasconi, 2007) diagnoserelevanten Daten müssen Sie in diesem Fall erheben?
2. Wie lässt sich daraus eine Soziale Diagnose formulieren?

## Fall I: Haftentlassenenhilfe

I (er/sein) ist in Tschetschenien geboren, 22 Jahre alt und lebt seit 13 Jahren in Österreich. Vor wenigen Tagen beendete er seinen zweiten Gefängnisaufenthalt. I wurde aufgrund von gewalttätigen Übergriffe gegenüber Mitinsassen öfter verlegt und konnte im Rahmen der Haft daher keine Ausbildung abschließen. Zuletzt hatte er eine Lehre als Maler begonnen, diese möchte er jetzt nach Haftende fortsetzen. Schon während seiner Schulzeit führten zu viele Fehlzeiten oder sein aggressives Verhalten zu Suspendierungen. I hat deshalb keinen Pflichtschulabschluss.

I ist das zweitälteste von acht Kindern. Sein Vater hat sehr traditionelle Ansichten und hohe Erwartungen an I, der dem Bild eines tschetschenischen Mannes gerecht werden solle. Sein Vater und zwei jüngere Brüder sind vorbestraft und haben teils Bewährungsauflagen. Die älteste Schwester hat eine Ausbildung abgeschlossen und unterstützt die Familie finanziell. Seit mehreren Jahren wird die Familie von der Kinder- und Jugendhilfe betreut. I lebt derzeit in der Wohnung seiner Eltern und teilt sich ein Zimmer mit vier Brüdern.

Aktuell klagt I über schwere Schlafstörungen. Er hätte zwar Medikamente, die verliere er aber ständig. I konsumiert dann Cannabis, Alkohol oder andere Substanzen, um einschlafen zu können. Beim letzten Konsum hatte er einen Kreislaufkollaps und wurde in ein Krankenhaus gebracht. I ist sonst sehr sportlich und hat viel Erfahrung in unterschiedlichen Kampfsportarten.

Aufgrund seiner Straffälligkeit könnte I seinen Aufenthaltstitel verlieren und nach Tschetschenien ausgewiesen werden. I hat keine Verwandten oder Freunde dort. Er hat große Angst vor einer möglichen Verhaftung oder Folter in Tschetschenien.

Beim Erstgespräch äußerte I den Wunsch, nicht mehr straffällig zu werden. Ihm fiel das Gespräch sichtlich schwer, er schaffte es nicht, Blickkontakt zu halten. Vonseiten des Gerichts gibt es einzelne Auflagen, jedoch keine für eine psychosoziale oder psychotherapeutische Behandlung.

### Fragen zum Fall:

1. Formulieren Sie für diesen Fall ein passendes Ziel nach den SMART-Kriterien.
2. Formulieren Sie Indikatoren für die Erkennung der Zielerreichung.

## Fall J: Tageszentrum für Obdachlose

J (er/sein) ist ein neuer Besucher im Tageszentrum für Obdachlose. J lebt seit sieben Jahren in Österreich. Er ist Asylwerber und aus Nigeria geflohen. Seit rund zwei Wochen hält sich J in Wien auf. Davor lebte er in einem Asylquartier in Tirol. Er kann nicht schlafen und fühlt sich sehr gestresst. J kann laut seinen Angaben nicht ins Asylquartier zurückkehren, da er dort von Muslimen verfolgt und mit dem Tod bedroht wird. Diese Erzählungen wirken wahnhaft. Der hinzugezogene Konsiliarpsychiater bestätigt die schizoide Verarbeitung biografischer Erlebnisse. J hat weder über sein Leben in Nigeria noch über seine Flucht nach Österreich jemals gesprochen.

J hat keine sozialrechtlichen Ansprüche in Wien und kann aufgrund seiner ausgeprägten Ängste nicht nach Tirol zurückkehren. Nimmt er die Grundversorgung in Tirol nicht in Anspruch, wird er diese ebenso verlieren. Es besteht ein enger Austausch mit den Betreuer:innen des Asylquartiers in Tirol, die versuchen, ihn zur Rückkehr zu motivieren. Eine Verlegung der Grundversorgung nach Wien wurde abgelehnt, da für die Behörde kein ausreichender Grund vorliegt.

J zeigt sich sehr kooperativ. Sind beispielsweise Unterlagen oder Dokumente für den Betreuungsprozess notwendig, bringt J diese umgehend. Er ist dankbar für die erhaltene Hilfe und weiß um die begrenzten Unterstützungsmöglichkeiten.

J wurde in ein Notquartier zugewiesen, wo er jedoch aufgrund der Angst vor Verfolgung nie übernachtet hat. Er hat ständig das Gefühl, auf der Flucht zu sein, und sieht sein Leben als bedroht. J sagt immer wieder, dass er nach Italien reisen müsse, um sein Leben zu retten. Hilfreich ist, dass J eine gute Beziehung zu seinem Bezugssozialarbeiter hat und diesem vertraut. J fasst auch vermehrt Vertrauen zum Psychiater. Er hat nach längerer Zeit einer Medikation gegen die starken Angstzustände zugestimmt. Diese nimmt er nun regelmäßig ein.

### Fragen zum Fall:

1. Wie könnte unter Berücksichtigung der eigenen institutionellen Zuständigkeit eine Zuweisungsdiagnostik methodisch umgesetzt werden?
2. Welche(s) der in diesem Buch vorgestellten sozial-diagnostische(n) Verfahren(n) würden Sie im Fall J prioritär anwenden?

## Fall K: Frauenberatung

K (sie/ihr) ist 30 Jahre alt. Sie wird seit zehn Jahren von einem Erwachsenenvertreter begleitet. K war als Kind mit ihrer Mutter mehrmals in Frauenhäusern untergebracht. Im Alter von zehn Jahren erlitt K sexualisierte Gewalt durch einen Lebensgefährten ihrer Mutter. Die Mutter reagierte beschwichtigend und der Missbraucher wurde nicht angezeigt. K besuchte die Schule bis zur 8. Schulstufe. Danach zog sie zu Freunden und konsumierte in diesem Kreis erstmals Heroin. Sie ging keiner Erwerbstätigkeit nach, sondern versuchte, sich mit Tauschgeschäften ihr Leben zu finanzieren. Mit 20 Jahren gebar sie ein Kind, das bei den Eltern des Kindesvaters untergebracht wurde. K hatte keinen Kontakt zu diesem Kind. Mit 28 Jahren wurde K von einem anderen Mann schwanger. Während der Schwangerschaft schaffte sie einen Entzug. Jedoch wurde ihr auch dieses Kind abgenommen und bei ihrer eigenen Mutter untergebracht. K hat weder zu ihrer Mutter und den Geschwistern noch zu ihren Kindern oder deren Vätern Kontakt. K ist durch Angststörungen und Panikattacken belastet. Sie kann kein öffentliches Verkehrsmittel benutzen, sondern geht zu Fuß oder lässt sich in Ausnahmefällen in einem PKW chauffieren. Letzteres verursacht aber auch Übelkeit und Panik. Ähnlich ist es mit dem Besuch von Geschäften, Arztpraxen oder Ämtern. Die Übelkeit führt dazu, dass K wenig Nahrung bei sich behalten kann und oft erbrechen muss. Anlass für die Beratung ist, dass K nun völlig abstinent lebt und eine sehr gut funktionierende Beziehung führt. Sie lebt gemeinsam mit einem Mann, R, in einer Mietwohnung. K ist fast schuldenfrei und möchte ohne Erwachsenenvertretung leben. Sie möchte bei den nächsten Schritten noch beraterisch begleitet werden. Dazu gehört, dass K sich neue Zähne machen lässt. Sie möchte ihren Partner heiraten, mit ihm eine Familie gründen und ein eigenes Kind aufziehen.

### Fragen zum Fall:

1. Welche sozialökologischen Aspekte müssen Sie in diesem Fall besonders berücksichtigen?
2. Wie könnte die „Beste aller Welten“-Matrix in diesem Fall hinsichtlich des Wunsches, die Erwachsenenvertretung zu beenden, gestaltet werden?

## Fall L: Pflegeheim

L (er/sein) ist 74 Jahre alt und lebt in einem Pflegeheim. Von den anderen Bewohnern wird er liebevoll „unser Wiener Wirtshausgrantler“ genannt. L macht gerne Schmäh (Scherze), hat einen sehr schwarzen Humor und regt sich über Kleinigkeiten auf.

L hat eine Erwachsenenvertretung, mit der die Zusammenarbeit nicht ideal verläuft. Einen Wechsel lehnt L ab, da alle gleich schlecht seien. Die Mitarbeiter:innen des Pflegeheims bittet er um die Erledigung seiner Einkäufe, sonst brauche er keine Unterstützung. Auf dieser Einkaufsliste stehen Schokolade und seit Kurzem auch unterschiedliche Liköre. Den Pfleger:innen ist Ls gesteigerter Alkoholkonsum aufgefallen.

Ls Kindheit wurde durch seine gewalttätige, alkoholkranke Mutter geprägt. L musste als Bestrafung bspw. stundenlang auf spitzen Holzscheiten knien. Er sieht darin die Ursache für seine Kniebeschwerden. L hatte einen Sohn, der drei Tage nach der Geburt verstarb. Seine Tochter, die vier Jahre danach geboren wurde, ist mittlerweile 44 Jahre alt. Weder zu ihr noch zur damaligen Partnerin hat L Kontakt.

L war selbst über Jahrzehnte hinweg Alkoholiker. Er trank täglich rund zwei Liter Rotwein. Ein Schlaganfall vor vier Jahren änderte sein Leben massiv: Als Folge hat L eine Lähmung der Beine und benötigt einen Rollstuhl. Er zog ins Pflegeheim und beendete vorerst seinen Alkoholkonsum. Kurz vor seinem Schlaganfall verstarb seine Lebensgefährtin. Das Paar war 25 Jahre liiert gewesen und hätte trotz Ls Alkoholabhängigkeit eine sehr gute Beziehung geführt. L spricht nicht über seine Partnerin. Den Schmerz über ihren Tod würde er über seinen Humor verarbeiten, meint L.

L sieht gerne fern. Besonders interessiert ist er an Natur- und Tierdokumentationen. Der Therapiehund einer Pflegerin sei sein wichtigster Freund. L ist sehr großzügig. Nicht nur für den Hund kauft er mit seinem geringen Taschengeld Leckerlis, auch anderen Bewohner:innen macht er immer wieder kleine Geschenke.

### Fragen zum Fall:

1. Wählen Sie ein biografisch orientiertes Verfahren, das sich für L gut eignen könnte. Begründen Sie Ihre Entscheidung.
2. Betrachten Sie nach der Durchführung des biografischen Verfahrens dieses nochmals unter einem ressourcenorientierten Blick. Welchen Mehrwert hat diese Betrachtungsweise?

## Fall M: Berufsberatungsstelle für Jugendliche

M (sie/ihr) ist seit wenigen Tagen 18 Jahre alt. „Endlich", wie sie gerne betont. Für M war die Volljährigkeit ein großes Ziel und sie hat sich davon die völlige Unabhängigkeit erhofft. M kommt aus schwierigen familiären Verhältnissen. Ihre Mutter hatte häufig wechselnde Lebensgefährten, manche mit großem Aggressionspotenzial. Die Mutter war im Service eines benachbarten Gasthauses tätig und kam oft tagelang nicht nach Hause. M wusste nicht, wo die Mutter die Nächte verbrachte. M hat eine ältere Schwester, die von Geburt an körperlich und intellektuell schwer beeinträchtigt ist. M musste sich von klein auf um sie kümmern, was sie oft überforderte. Unterstützung bekam M nur von ihrer Großmutter mütterlicherseits. Seit Ms Kleinkindalter wurde die Familie von der Kinder- und Jugendhilfe betreut. M war während der Volksschulzeit mehrere Jahre fremduntergebracht. In der Wohngemeinschaft fühlte sie sich nie wohl. Sie war dort oft abgängig und wurde schließlich in die Familie rückgeführt.

M besucht derzeit einen Kurs, um ihren Pflichtschulabschluss nachzuholen. Im Gegensatz zu früher gelingen ihr das Lernen im Kurs und die regelmäßige Teilnahme gut. Ihr einziges Angstfach ist Mathematik. Ms größter Wunsch ist es, Flugbegleiterin zu werden. Welche Ausbildungen sie dafür absolvieren muss, weiß sie nicht. M hat noch nie eine Bewerbung geschrieben oder ein Praktikum gemacht.

M lebt gemeinsam mit ihrer Großmutter und vermeidet den Kontakt zu ihrer Mutter. Da ihre Schwester bei der Mutter lebt, gibt es im Moment auch kaum Kontakt zur Schwester. M bezieht aus der Arbeitslosenversicherung eine Beihilfe zur Deckung des Lebensunterhalts, die jedoch aufgrund des Miteinbezugs des Einkommens ihrer Großmutter gering ausfällt. Die Wohnung ist sanierungsbedürftig und schlecht isoliert. Da die Energiekosten sehr hoch sind, ist der Winter eine besondere Herausforderung. M hat in der kalten Wohnung keinen angenehmen Ort, um für ihren Kurs zu lernen.

### Fragen zum Fall:

1. Welche Aspekte müssten im Rahmen einer Risikodiagnostik bei diesem Fall berücksichtigt werden?
2. Wenden Sie die Koordinaten psycho-sozialer Diagnostik und Intervention auf diesen Fall an.

## Fall N: Pflegeheim

N (er/sein) hat 51 Jahre lang bei einer Berufsfeuerwehr gearbeitet. Obwohl er mit 91 Jahren mittlerweile schon bald 25 Jahre in Pension ist, bezeichnet er sich nach wie vor als Feuerwehrmann und ist sehr stolz darauf. Im Zuge seiner beruflichen Tätigkeit hat er oftmals den Brandschutz bei großen Kulturveranstaltungen übernommen. Dabei wurde sein Interesse am Theater geweckt. N ist sehr belesen, drückt sich ausgesprochen eloquent aus und liebt es, über Literatur, Kultur oder Politik zu diskutieren. Sein großes Allgemeinwissen wird von vielen Menschen sehr geschätzt. N lebt seit einem Jahr im Pflegeheim und die Interaktionen mit anderen Bewohner:innen des Pflegeheims fallen ihm sehr leicht. Er ist sehr gesprächig und erzählt auch viel Persönliches über sich. N scherzt öfters darüber, dass er nun endlich die Zeit hätte zu reden, denn beim Feuerlöschen früher hätte dieses Talent nichts genützt.

N ist seit über 60 Jahren verheiratet und hat eine Tochter, die mittlerweile selbst schon pensioniert ist. Die Tochter ist sein ganzer Stolz. Seine Familie besucht ihn mindestens einmal wöchentlich. Der Kontakt zu ihr hat sich trotz des Umzugs ins Pflegeheim nicht verschlechtert. Da seine Frau ebenfalls 91 Jahre alt ist, war sie mit der Pflege ihres Mannes überfordert. Ihr fiel der Schritt, ihn für ein Pflegeheim anzumelden, schwer. N leidet an einer schweren COPD und ist adipös. Alle Versuche, ihn zu leichter physischer Aktivität zu motivieren, scheitern kläglich. Er sei ein Bewegungsmuffel und daran wolle er in seinem Alter auch nichts mehr ändern. N ist psychiatrisch unauffällig. Er ist meist ausgesprochen gut gelaunt und unterhält die Pfleger:innen des Heims mit seinem Humor.

N löst für sein Leben gern Kreuzworträtsel und beweist dabei große Geduld. Er hört gerne Musik. Besonders angetan ist er vom Austropop, er kann nahezu jeden Song fehlerfrei mitsingen.

### Fragen zum Fall:

1. Wie „handlungsfähig" schätzen Sie die Person nach dem Lebensbewältigungsansatz (Böhnisch, 2016) ein?
2. Wie ist die Weigerung von N, sich körperlich aktivieren zu lassen, aus sozial-diagnostischer Sicht zu verstehen?

## Fall O: Erwachsenenpsychiatrie

O (sie/ihr) ist 25 Jahre alt und studiert an einer Fachhochschule in Wien. Sie ist sehr fleißig, lernt leicht und ist ausgesprochen sportlich. Sport war und ist ihre große Leidenschaft. Neben dem Studium hat O drei kleinere Jobs.

O leidet an einer Spielsucht. Für die kostenpflichtigen Online-Spiele nimmt sie bei Freund:innen Schulden auf. O hat einen großen Freundeskreis, sie ist beliebt und wird wegen ihrer humorvollen Art und ihrer immer guten Laune sehr geschätzt.

Bis vor wenigen Monaten hat sie gemeinsam mit ihrer jüngeren Schwester bei ihrem Vater gelebt. Zur Mutter gibt es keinen Kontakt. Derzeit schläft sie bei ihrem Freund. Eine eigene Wohnung kann sich O trotz ihrer Jobs noch nicht leisten. Zur Familie ihres Freundes hat sie einen sehr engen und herzlichen Kontakt. Sie bezeichnet sie gerne als ihre „neue, echte Familie".

Anlass für die stationäre Aufnahme war ein Suizidversuch. O hat bei einer Party Suizidgedanken geäußert, ist daraufhin davongelaufen, wurde polizeilich gesucht und schließlich in ein psychiatrisches Krankenhaus eingewiesen.

O gibt beim Aufnahmegespräch in der Erwachsenenpsychiatrie an, von ihrem Vater psychisch und physisch misshandelt zu werden. Ihr Vater sei ein „boshafter Sadist, der sein Glück nur in Dominanzspielchen" finde. Os jüngere Schwester sei das Lieblingskind, das alles bekomme und liebevoll und ohne Gewalt aufwachsen würde. O hasse ihre Schwester und spreche nicht mit ihr.

Seit dem Auszug aus dem Elternhaus trinke O deutlich mehr Alkohol als davor. Es sei die beste Bewältigungsstrategie für all die traumatischen Erlebnisse, die sie durch ihren Vater erfahren musste. Als weiteren Grund für ihren gesteigerten Konsum nennt O die Aufmerksamkeit und Unterstützung, die sie von ihren Freund:innen erhalten würde. Sie zeigt zudem ein vermehrt selbstverletzendes Verhalten.

Seit der stationären Aufnahme gab es weitere Suizidversuche. O möchte nicht nach Hause, sondern möglichst lange im Krankenhaus bleiben, da sie den strukturierten Alltag nicht verlieren möchte.

### Fragen zum Fall:

1. Welchen Nutzen hätte der Einsatz eines soziometrischen Verfahrens in diesem Fall?
2. Welches soziometrische Verfahren würden Sie wählen und warum?

## Fall P: Stationäre Suchteinrichtung

P (sie/ihr) erzählt im Erstgespräch einer neuen Kollegin auf der Station stolz, dass es keine Droge gebe, die sie nicht ausprobiert hätte. P ist 45 Jahre alt und dieses Mal wegen ihres Kokain- und Heroinkonsums im stationären Drogenentzug. Sie war bereits einige Male in der Einrichtung. P hat schon mehrfach eine Langzeittherapie über 18 Monate begonnen, diese aber nicht immer beendet. Momentan ist P hoch motiviert, das Therapieprogramm bis zum Ende durchzuhalten und nicht mehr rückfällig zu werden. Nach der letzten Entlassung aus der Langzeittherapie hatte P bereits einige Zeit konsumfrei gelebt. Sie fand eine Wohnung und begann in einem sozialökonomischen Betrieb zu arbeiten. Ein schwerer Rückfall brachte sie jetzt zurück in den stationären Entzug.

Bei P wurde eine emotional instabile Persönlichkeitsstörung diagnostiziert. P geht immer wieder Beziehungen ein, kann diese aber nicht halten. Sie hat große Schwierigkeiten, ein adäquates Nähe-Distanz-Verhältnis mit anderen Personen aufzubauen. P sagt von sich selbst, dass sie ein Leben der Extreme führe: Sie liebt Personen ab dem ersten Kontakt oder hasst sie. Sie ist über Monate hinweg nüchtern oder konsumiert extrem viel. Sie engagiert sich für andere, überflutet sie mit Geschenken oder meidet den Kontakt völlig. Sie isst sechs Tafeln Schokolade in einer halben Stunde oder über vier Tage gar nichts.

P ist bereits Oma. Sie hat einmal für ihre Enkeltochter ein Nikolaussäckchen mit Schokolade vorbereitet, dieses aber in einem Essanfall selbst aufgegessen. P hat große Schwierigkeiten mit ihrer Impulskontrolle. In Gesprächen betont sie, dass sie starke Schuldgefühle hat, die sie versucht mit Geschenken zu kompensieren. Ihr Mann ist an einer Überdosis verstorben, wofür sie sich die Schuld gibt. Ihr Leben sei einfach grauenhaft verlaufen. Nach vielen Jahren Psychotherapie ist P sehr therapieerfahren und scheint genau zu wissen, wer was hören möchte. P äußert den Wunsch, ihr Leben dauerhaft in einer Einrichtung zu verbringen, da sie allein niemals stabil sein könne.

### Fragen zum Fall:

1. Welche Problemaspekte können in einer multidimensionalen Betrachtung der Fallschilderung identifiziert werden?
2. Wie könnte in Ergänzung dazu eine mehrperspektivische Sicht auf den Fall erreicht werden?

## Fall Q: Wohngemeinschaft für fremduntergebrachte Kinder

Q (er/sein) ist 12 Jahre alt und besucht die vierte Klasse einer Volksschule. Er hat bis vor zwei Monaten bei seinen Eltern gelebt und befindet sich aktuell in einer Wohngemeinschaft für fremduntergebrachte Kinder. Die Eltern sind getrennt, aber Q hat zu beiden Kontakt. Jedes Wochenende verbringt er eine Nacht bei seiner Mutter und eine bei seinem Vater. Die Wohngemeinschaft betrachtet Q als ein Internat, wohnen würde er lieber bei seinen Eltern. Q leidet an einem großen Loyalitätskonflikt und ist innerlich sehr zerrissen. Seine Mutter idealisiert er. Er sagt z. B., er brauche keine Freund:innen, weil seine Mutter seine beste Freundin sei. Q trägt unter der Woche das Parfum seiner Mutter, um ihr so verbunden zu sein. Die Beziehung zwischen Q und seiner Mutter ist symbiotisch. Q war ein Wunschkind. Seine Mutter hatte lange Zeit Schwierigkeiten, schwanger zu werden, und machte ihr eigenes Glück von diesem Kind abhängig. Bereits während der Schwangerschaft hat sie ihr „altes Leben" aufgegeben. Sie hat vieles, was sie als nun unnötig erachtete, verkauft. Ihren Führerschein hat sie zurückgegeben. Zusätzlich hat sie einen schlechter bezahlten Job mit kinderfreundlicheren Arbeitszeiten angenommen. Für Qs Mutter ist die Wohngemeinschaft und alles, was dazu gehört, der größte Feind. Ein Feind, der ihr das Kind weggenommen habe. Grund für die Kindesabnahme waren der hohe Alkoholkonsum der Mutter und die dadurch bedingte Vernachlässigung des Kindes.

Q dürfte Gewalt erlebt haben oder noch erleben. Er ist auffallend schreckhaft und hat große Angst vor Ärzt:innen oder Krankenhäusern. Das Aufrechterhalten einer heilen Scheinwelt ist ihm sehr wichtig. Verletzungen, die er am Wochenende erleidet, erklärt er mit kleinen Missgeschicken seinerseits. Die Vielzahl an Verletzungen ist aber auffallend.

Q ist sehr organisiert und versucht alles zu kontrollieren. Er koordiniert seine Termine selbstständig und erinnert die Betreuer:innen an anstehende Termine. Fußball ist sein größtes Hobby. Er spielt in einer Mannschaft und trainiert mehrmals wöchentlich. Q ist immer sehr gepflegt und auch nach dem Training sofort frisch gekleidet.

## Aufgabe zum Fall:

Stellen Sie die vier grundlegenden Prinzipien des diagnostischen Fallverstehens für diesen Fall dar.

## Fall R: Familienberatung

R (sie/ihr) ist 34 Jahre alt und alleinerziehend. Sie war vormals Trafikantin, die Tätigkeit habe ihr viel Freude bereitet. Im Moment sei sie Arbeit suchend gemeldet. Sie bezieht Arbeitslosengeld und Familienbeihilfe für ihre Tochter. Aktuell besucht sie einen Kurs. R lebt mit ihrer Tochter T (16 Jahre, Lehrstellensuchende) zusammen. R hatte lange versucht, sich von ihrem Partner, der nicht der Vater von T ist, zu trennen. Nach gelungener Trennung hat sich der Ex-Partner eineinhalb Jahre lang nicht gemeldet. R fühlte sich beobachtet, konnte jedoch nichts nachweisen. Eines Abends klopfte der Ex-Partner an Rs Tür und verschaffte sich mit Gewalt Zugang zur Wohnung. Über 2 Tage hielt er R und ihre Tochter T in Rs Wohnung fest. Der Ex-Partner gestand, eine Videokamera installiert und R beobachtet zu haben. Er bedrohte R und T mit einer Schusswaffe. Nach 2 Tagen gelang Mutter und Tochter die Flucht. Der Ex-Partner wurde anschließend inhaftiert. R wurde gefragt, warum sie sich nicht gewehrt habe. Sie gab an, sie habe vermeiden wollen, dass der Gewalttäter noch wütender werde. R und T werden jetzt vom Gewaltschutzzentrum psychosozial und juristisch durch den Prozess begleitet. R und T brachten sich eigenständig den Gebrauch einer Schusswaffe bei. Der Täter ist seit einem Jahr in Haft. R fürchtet sich sehr vor einer möglichen Rache des Ex-Partners, da sie ihn angezeigt hat. Sie hat Alpträume und Schlafprobleme, nimmt jedoch keine Schlaftabletten, um ihren Ex-Partner zu hören, sollte er sich erneut Zugang zur Wohnung verschaffen. Gesundheitlich ist R durch eine chronische Nierenschwäche, eine Angststörung und Tics, wie Räuspern oder Blinzeln, sehr belastet. Panikattacken treten ca. einmal monatlich auf. Nach dem Überfall ist R mit ihrer Tochter in ein anderes Bundesland gezogen. Sie leben in einer leistbaren Wohnung in ländlicher Umgebung. R hat hohe Schulden (85.000 €), da sie die Trafik aufgeben musste. Sie hat bereits Kontakt mit der Schuldnerberatung aufgenommen, jedoch sei ein Privatkonkurs erst möglich, wenn R wieder berufstätig sei.

### Fragen zum Fall:

1. Wenden Sie die Trauma- und Ressourcenlandkarte für R an.
2. Worauf würden Sie als Sozialarbeiter:in in diesem Fall bei der Zielformulierung grundlegend achten?

## Fall S: Sozialberatung

S (er/ihn) ist 69 Jahre alt (Pensionist, Witwer). Er lebt seit drei Jahren mit einer Demenzdiagnose. Zusätzlich zu seiner Mindestpension erhält er deshalb ca. 170 Euro monatlich für die Pflegestufe 1. S ist schuldenfrei. Er organisiert seinen Alltag rund um Körperhygiene, Wäsche, regelmäßige Essensversorgung und tägliche, kleine Spaziergänge weitgehend allein. Sein Schlaf ist aufgrund der Medikation ausreichend lang und gut. Ein angstlösendes Medikament hat die Agitiertheit reduziert und S versorgt sich selbst mit Frühstück und Abendessen. Er kann den Lebensmittelladen zu Fuß erreichen. Mittags wird er mit Essen von einem mobilen Dienst versorgt. Einmal monatlich reinigt eine Reinigungskraft seine Mietwohnung, in der er allein wohnt. S wurde bisher auch von seinem Bruder A (65 Jahre, Pensionist, alleinstehend) unterstützt, beispielsweise durch gemeinsame größere Einkäufe in der 20 km entfernten Großstadt. A wohnt 5 km von S entfernt in einer Eigentumswohnung. A ist aktuell jedoch gesundheitlich eingeschränkt, er wirkt zeitlich und räumlich orientierungslos. Ob die Ursache dafür ebenfalls Demenz ist, ist noch nicht abgeklärt. A hat Schlaf- und Denkstörungen sowie Impulsdurchbrüche. Für A wurde eine psychiatrische Abklärung initiiert und der Hausarzt hat eine Krisenmedikation verschrieben. A kann S derzeit nicht unterstützen, sondern braucht selbst Hilfe. Z, der Sohn von S (49 Jahre, alleinstehend, berufstätig), wohnt 10 km von seinem Vater entfernt. Er kümmert sich nun um beide Brüder, indem er Arzttermine für sie vereinbart, sie bei Bedarf mit dem Auto abholt und zu Ärzt:innen und Ämtern bringt. Z schreibt Anträge, erledigt Überweisungen, besucht S und A täglich und teilt deren Medikamente ein. Z ist aufgefallen, dass S bei Telefonaten seltener abhebt und offenbar sein Fernsehgerät nicht mehr bedienen kann. S hat bis vor Kurzem gerne mit Nachbarn geplaudert. Nun sei er zurückgezogener, unternehme nur noch kurze Spaziergänge und schaffe diese auch nicht mehr täglich.

### Fragen zum Fall:

1. Welcher Standardisierungsgrad der Diagnostik sollte in diesem Fall angestrebt werden?
2. Warum scheint hier eine multidimensionale Betrachtung besonders wichtig?

## Fall T: Frauenberatung

T (sie/ihr) ist 51 Jahre alt. Sie bezieht eine Invaliditätspension aufgrund einer rezidivierenden depressiven Störung, multiplen somatischen Beschwerden und epileptischen Anfällen. Sie wird vom Psychosozialen Dienst sozialarbeiterisch und psychiatrisch begleitet. T ist medikamentös gut eingestellt und nimmt ihre Arzttermine regelmäßig wahr. T überlebte mehrere Suizidversuche und hat Aufenthalte in diversen psychiatrischen Krankenhäusern hinter sich.

Aktuell bekommt sie Pflegestufe 1 in der Höhe von rund 170 Euro monatlich. Bei ihr wohnt ein Bekannter, damit sie bei Bedarf Unterstützung im Alltag hat. Der Bekannte ist in einer anderen Wohnung gemeldet. Mit ihrem geringen Einkommen kann T gut haushalten und ist schuldenfrei. T liegt gerne vor dem Fernsehgerät und sieht sich Gerichtssendungen an. Sie hat viele Haustiere: Hunde, Katzen und Meerschweinchen, die sie und ihr Bekannter gemeinsam betreuen.

Anlass für die Beratung ist eine notwendige Zeugenaussage ihrerseits. Ihr Bruder L wurde wegen eines Drogendeliktes inhaftiert. Der Bruder hat ausgesagt, dass er aufgrund von Misshandlungen in der Kindheit durch den Stiefvater in das Drogenmilieu gerutscht sei. Durch die Aussage von T erhofft sich L eine Hafterleichterung. T wurde gebeten, als Zeugin für ihren Bruder auszusagen. T verbrachte bis zum 10. Lebensjahr mehrere kürzere Aufenthalte in Krisenzentren. Ab dem 10. Lebensjahr erlitt T durch den Stiefvater sexuelle Gewalt und wurde mit 14 Jahren von ihm schwanger. Ihre Mutter wusste darüber Bescheid, schien das jedoch zu akzeptieren. Der Stiefvater wurde nicht angezeigt. Aufgrund einer Erkrankung des Großvaters mütterlicherseits zogen T und ihre Mutter in den Heimatort der Mutter. Die Mutter übernahm die Pflege des Großvaters, bis dieser starb. T brachte ihre Tochter mit 14 Jahren zur Welt.

### Aufgabe zum Fall:

Gehen Sie davon aus, dass T Ihnen in einem ersten Gespräch in der Frauenberatung ihre Situation wie oben dargestellt erzählt. Eine professionelle Arbeitsbeziehung beginnt bereits mit dem ersten Kontakt. Beschreiben Sie Ihren ersten Eindruck von diesem Fall und berücksichtigen Sie Merkmale einer professionellen Arbeitsbeziehung.

## Fall U: Schuldner:innenberatung

U (er/sein) nächtigt in einem Übergangswohnheim für ehemals wohnungslose Männer. Er ist ein gepflegter, eloquenter 56-jähriger Mann, der keinesfalls als wohnungslos erkennbar sein möchte. Neben den Sozialarbeiter:innen hat U keine nennenswerten sozialen Kontakte.

U ist im Kosovo geboren und hat dort nach seinem Chemiestudium an einer Universität gearbeitet. Gemeinsam mit seiner Frau ist er vor rund 30 Jahren nach Österreich geflohen. U hat in einem Labor gearbeitet und Deutsch gelernt. Gemeinsam mit seiner Gattin hat er ein Haus im Osten Österreichs gekauft. U hat zwei Töchter, 27 und 25 Jahre alt. Für ihn seien die ersten Kindheitsjahre seiner Töchter die schönsten Jahre seines Lebens gewesen. Vor 18 Jahren meldete Us Firma Insolvenz an und U wurde arbeitslos. U schrieb Bewerbungen, die jedoch zu keiner Anstellung mehr führten. Er begann viel Alkohol zu konsumieren. Seine Ehe war sehr belastet und es gab häufig Streit. Vor 15 Jahren trennte sich das Paar. U zog aus dem gemeinsamen Haus aus und wollte sich ein Leben in Wien aufbauen. In Wien begann eine krisenhafte Zeit. U erkrankte psychisch schwer und wurde obdachlos. Er hatte zwischenzeitlich alle Sozialansprüche verloren und kein Einkommen. Er nutzte zwar Sozialeinrichtungen, blieb aber nirgends für eine längerfristige Beratung. Seit über zehn Jahren hat U eine Spielsuchtproblematik. Aufgefallen ist dies erst, als U es trotz des Wiederbezugs der Mindestsicherung nicht schaffte, sich Güter des alltäglichen Lebens zu kaufen. Bereits am Tag der Auszahlung verspielt er immer wieder sein gesamtes Einkommen an Automaten. Jeden Monat fasst U aufs Neue den Entschluss, mit dem Glücksspiel aufzuhören. U sagt, er sei nicht spielsüchtig, sondern wolle lediglich die Maschine besiegen. Er ist überzeugt, dies einmal zu schaffen, und meint, es würde sich lohnen, sich dafür weiter Geld auszuborgen. U hat bereits ca. 120.000 Euro Schulden. Mittlerweile ist U einsichtiger und erkennt selbst, dass er es ohne professionelle Hilfe vermutlich nicht schaffen wird.

### Fragen zum Fall:

1. Wenden Sie das ressourcen- und beeinträchtigungsbezogene Erfassungsschema der ICF-Komponenten für den Fall U an.
2. Welchen Nutzen hat die Anwendung des Schemas in diesem Fall?

## Fall V: Sozialberatung

V (sie/ihr) ist 32 Jahre alt und wohnte bis vor Kurzem mit ihren beiden Töchtern (10 und 8 Jahre) im Frauenhaus. V ist türkische Staatsbürgerin und kam aufgrund einer arrangierten Ehe nach Österreich. Ihre beiden Kinder wurden in Österreich geboren. V verfügt über einen unbefristeten Aufenthaltsstatus, erhält jedoch keine Sozialleistungen in Österreich.

Sie arbeitet aktuell für 27 Wochenstunden in einem Kiosk. V wurde von ihrem Ehemann P psychisch und physisch schwer misshandelt. Als er begann, die ältere Tochter psychisch unter Druck zu setzen, und forderte, dass beide Töchter die Mutter ebenfalls abwerten sollten, flüchtete V mit ihren Töchtern ins Frauenhaus. V reichte die Scheidung ein, die noch verhandelt wird. Der Ehemann bedrohte V bei ihrer vormaligen Arbeitsstelle, einem kleinen Laden. Durch die bedrohliche Anwesenheit des Ehemannes wurde V gekündigt. Sein Auftreten wirkte sich nachteilig auf den Ruf des kleinen Ladens aus. V fand danach ihre neue Arbeit im Kiosk. P bedrängte V auch an diesem Arbeitsplatz, indem er ihr vor dem Kiosk auflauerte, um sie dort laut zu beschimpfen und ihr zu drohen. V zeigte P an und er wurde bisher aufgrund folgender strafbarer Handlungen verurteilt: Vergehen der beharrlichen Verfolgung, Verbrechen der schweren Nötigung, Vergehen der versuchten Nötigung, Vergehen der gefährlichen Drohung, Vergehen der Körperverletzung, Vergehen der Nötigung. V leidet unter Schlaf- und Essstörungen. Sie ist stark untergewichtig. Ihre Töchter E und N sind ruhige Kinder und gute Schülerinnen. Trotz höchster Belastung hat es V geschafft, eine kleine Mietwohnung mit ca. 63 m² für ihre Familie zu finden. Die Mietkosten belaufen sich auf 660 Euro (exklusive Heizung und Strom). V verdient für 27 Wochenstunden 850 Euro im Monat, erhält Kinderbeihilfe in der Höhe von 260 Euro und für beide Kinder gemeinsam 280 Euro Alimente monatlich. Die finanzielle Situation der Familie ist sehr angespannt und V erhofft sich viel von der Unterstützung durch die Sozialberatungsstelle.

### Aufgabe zum Fall:

Betrachten Sie den Fall entlang der primären und sekundären Ebene sozial-diagnostischer Abklärung. Beschränken Sie sich für die sekundäre Ebene auf eine aus Ihrer Sicht passende Methode.

## Fall W: Sozialpsychiatrisches Ambulatorium

W (er/sein) kommt kurz nach seinem 62. Geburtstag erstmals wegen einer mittelgradigen depressiven Episode ins Ambulatorium. Er fühle sich völlig antriebslos und sei mit der Bewältigung alltäglicher Aufgaben wie sich die Zähne zu putzen, sich zu kleiden oder den Geschirrspüler einzuräumen bereits völlig überfordert. Seit Wochen könne er sich nicht mehr motivieren, Briefe zu öffnen oder Rechnungen zu bezahlen. Er sei an seinem absoluten Tiefpunkt und der maximalen Hoffnungslosigkeit angekommen. W hat Schlafprobleme, die seine Antriebslosigkeit weiter verstärken.

W ist als Lehrer an einem Gymnasium angestellt, wo er Mathematik und Geschichte unterrichtet. Derzeit ist er im Krankenstand. Er hätte in der Vergangenheit schon mehrmals Krankenstände wegen depressiven Episoden gehabt. So ausgeprägt wie dieses Mal wären sie aber noch nie gewesen.

W lebe mit seinem Lebensgefährten in einer Mietwohnung. Ursprünglich kommt W aus einem Dorf im Norden Österreichs. Seit seinem Studium lebt er in Wien. Er habe sich aufgrund seiner Homosexualität nie der Dorfgemeinschaft zugehörig gefühlt.

W habe viele Jahre keinerlei Kontakt zu seiner Herkunftsfamilie gehabt. Erst durch den Tod seines Vaters vor vier Jahren habe er wieder Kontakt zu seiner Mutter aufgenommen. Seither telefonieren sie in Phasen, in denen er sich psychisch stabil und ausgeglichen fühle. Der Kontakt sei eher oberflächlich. W hat zwei ältere Brüder, zu denen kein Kontakt bestehe. Ws Vater sei Fleischer gewesen und hätte mit dem Beruf seines Sohnes nie etwas anfangen können. Er sei über die Berufswahl seines Sohnes enttäuscht gewesen. W hätte ein Handwerk lernen und nicht studieren sollen. Gleichzeitig meinte Ws Vater, dass W kein handwerkliches Talent hätte und in der väterlichen Hobby-Werkstatt eine Belastung statt einer Unterstützung gewesen sei.

W kocht sehr gerne. Mit einem befreundeten Paar treffen sich W und sein Partner wöchentlich. Ws Partner zeige zwar großes Verständnis für Ws Erkrankung, wünsche sich aber seinen lebensfrohen und humorvollen Partner zurück.

### Aufgabe zum Fall:

Wie könnte eine Gestaltungsdiagnostik in diesem Fall mit dem Verfahren der Koordinaten psychosozialer Diagnostik und Intervention umgesetzt werden?

## Fall X: Frauenhaus

X (sie/ihr) ist Österreicherin und 47 Jahre alt. Sie ist verheiratet und hat zwei erwachsene Töchter. X flieht in ein Frauenhaus, weil sie seit über 20 Jahren mit einem psychisch und körperlich schwer gewalttätigen Mann verheiratet ist. Sie hat den 18. Geburtstag der jüngeren Tochter abgewartet und ist am folgenden Tag in das Frauenhaus geflüchtet. X lebte zuvor mit dem Ehemann G und den beiden Töchtern auf einem großen Bauernhof. Das Leben war karg für X. Sie arbeitete unentgeltlich am Hof. Über Jahrzehnte wurde sie von ihrem Ehemann, von der Schwiegerfamilie, die am selben Hof lebt, und letztlich auch ihren eigenen Töchtern gedemütigt und ausgenutzt. X hatte kein Geld zur eigenen Verfügung. Die schwere Arbeit wurde ihr von der Schwiegerfamilie zugewiesen. Ihr Ehemann redete nicht mit ihr. X litt vor allem unter der Kaltherzigkeit ihrer unmittelbaren Umgebung. Nach der Geburt der zweiten Tochter erlitt X erstmals einen psychogenen Anfall, bei dem sie sich das Gesicht auf dem Boden blutig schlug. Diese Anfälle, an die sie keine Erinnerung hat, wiederholten sich drei- bis viermal jährlich. X erlebte nach den Geburten der Töchter zwei Fehlgeburten. Die psychogenen Anfälle kamen jetzt in kürzeren Abständen. X wurde nach den Anfällen insgesamt dreimal stationär in der Akutpsychiatrie aufgenommen. Sie erhielt eine starke Medikation und sei davon abhängig geworden. Mehrmals versuchte X einen kalten Entzug oder zumindest die Reduktion ihrer Medikamente. Seit über 20 Jahren nimmt sie die Antidepressiva, die als Bedarfsmedikation gedacht waren. Es habe mehrfach Mordanschläge gegen X gegeben, indem beispielsweise die Radnaben ihres PKWs gelockert worden seien. Einmal sei der Gebäudeteil, in dem sie schlief, in Brand gesteckt worden. Nach der Flucht ins Frauenhaus und dem ersten Zur-Ruhe-Kommen gelingt X eine Reduktion ihrer Medikation. X reichte kürzlich die Scheidung ein.

### Fragen zum Fall:

1. Wie ist die Lage der Bedürfnisbefriedigung nach dem Systemtheoretischen Paradigma (Staub-Bernasconi, 2007) für X einzuschätzen?
2. Welche Arten der Bewältigung (Staub-Bernasconi, 2007) werden in diesem Fall sichtbar?
3. Welche Arten von Austauschbeziehungen nach dem Systemtheoretischen Paradigma (Staub-Bernasconi, 2007) lassen sich im Fall X benennen?

## Fall Y: Berufsberatungsstelle für Jugendliche

Y (er/sein) ist 18 Jahre alt, österreichischer Staatsbürger und lebt seit seinem zehnten Lebensjahr fremduntergebracht in diversen Wohngemeinschaften. Seine Mutter ist Österreicherin und sein Vater stammt aus Ägypten. Er hat seit seiner Geburt wenig Kontakt zum Vater, der Kontakt hat sich erst seit Ys Pubertät etwas intensiviert. Der Vater sei vor einem Jahr nach Ägypten zurückgekehrt. Y hat keinen Kontakt zur Mutter. Er hat insgesamt zehn Geschwister – einen leiblichen älteren Bruder und neun Halbgeschwister. Der Kontakt zum leiblichen Bruder ist gut.

Y wurde bei der Ausreise aus der Türkei nach Syrien festgenommen und wegen terroristischer Aktivitäten zu sechs Monaten Haft verurteilt. Y wurde nach Österreich überstellt, wo er die Haft verbrachte. Vor vier Tagen wurde Y entlassen. Bereits in Haft fand ein erster Kontakt zur Jobberaterin statt.

Für die nächsten 14 Tage kann Y bei seinem Bruder wohnen, was jedoch keine Dauerlösung ist. Die Wohnung hat nur 40 m$^2$ und sein Bruder lebt dort mit seiner Partnerin und zwei kleinen Kindern im Kindergartenalter. Eine Vorstellung bei einer Beratungsstelle für obdachlose Menschen ist bereits erfolgt.

Y hat die Pflichtschule abgeschlossen und eine HTL begonnen. Sein Vater hatte ihn seit seinem 15. Geburtstag regelmäßig in die Moschee mitgenommen. Y ist mit 16 Jahren zum Islam konvertiert und sehr religiös. Da seine Stammmoschee nach einer Razzia geschlossen wurde, sei Y auf der Suche nach einer neuen Gemeinschaft.

Y habe noch nie gearbeitet. Viele Berufe könne er aufgrund seiner streng religiösen Einstellung nicht ausüben. Y hat ob seines Delikts die gerichtliche Auflage bekommen, mit Unterstützung der Jobberatung eine Ausbildungsstätte zu suchen und regelmäßige Betreuung bei der Bewährungshilfe und einer Deradikalisierungsberatung in Anspruch zu nehmen. Bei keiner der drei Einrichtungen nimmt er seine Termine regelmäßig wahr. Ein erneuter Ausreiseversuch wird befürchtet.

### Fragen zum Fall:

1. Führen Sie eine sozial-diagnostische Abklärung auf der primären Ebene durch.
2. Warum scheint in diesem Fall die Berücksichtigung der partizipativen Orientierung besonders relevant?

# Lösungen

# Aufgabenübersicht

| Themen der Fragen und Aufgaben | Fall |
|---|---|
| **Theoretische Grundlagen** | |
| Der Lebensbewältigungsansatz | C, N |
| Das Systemtheoretische Paradigma | H, X |
| **Diagnostischer Prozess** | |
| Ebenen der sozial-diagnostischen Abklärung | A, G, M, N, V, Y |
| Einordnung Sozialer Diagnostik in den Prozess der Fallarbeit – Anamnese | F |
| Einordnung Sozialer Diagnostik in den Prozess der Fallarbeit – Diagnose | B |
| Formulierung einer Sozialen Diagnose | H |
| Einordnung Sozialer Diagnostik in den Prozess der Fallarbeit – Intervention | D, I, R |
| Die professionelle Arbeitsbeziehung | E, T |
| **Soziale Diagnostik und ihre Qualitätsstandards** | A, K, P, Q, S, Y |
| **Funktionen Sozialer Diagnostik** | D, J, M, N, S, W |
| **Sozial-diagnostische Verfahren** | |
| Biografieorientierte Verfahren | B, L |
| Ecomap | G |
| Egozentrierte 4-Sektoren-Netzwerkkarte | J |
| Klassifikatorische Verfahren | U |
| Lebensweltorientierte Verfahren | F, K, M, W |
| Ressourcenorientierte Verfahren | E, L, R |
| Soziometrische Verfahren | O |

# Lösung Fall A: Psychosoziale Beratungsstelle

1. **Welche Fragen müssen Sie A stellen, um die diagnostische Abklärung auf der primären Ebene durchzuführen?** (→ Kap. 5.3)

Die primäre Ebene (Pauls, 2013, S. 211f.) sozial-diagnostischer Abklärung zielt auf die Einschätzung
1. des subjektiv empfundenen Leidensdrucks,
2. der rechtlichen Rahmenbedingungen und
3. der akuten Gefährdung ab.

Ad 1. Um den subjektiv empfundenen Leidensdruck zu erheben, kann beispielsweise gefragt werden: „Was war der Anlass, unsere Beratungsstelle aufzusuchen?“ oder „Was beschäftigt Sie im Moment am meisten?“ A sagt, sie kommt wegen Lernschwierigkeiten und Konzentrationsproblemen in die Beratung. Das scheint ihr vordergründiger Leidensdruck zu sein. Gegen Ende der Fallbeschreibung wird deutlich, dass ein latentes Problem in der Verarbeitung des traumatischen Zugunglücks und den daraus resultierenden Einschränkungen und Veränderungen besteht. Dazu gehören neben den Lernschwierigkeiten auch ihr verändertes Äußeres, ihre Mobilitätseinschränkung und die veränderte Leistungsfähigkeit. Die Antwort von A, wegen Lernschwierigkeiten und Konzentrationsproblemen Hilfe in Anspruch zu nehmen, sollte in der primären Ebene sozial-diagnostischer Abklärung nicht infrage gestellt werden. Das ist die Hauptmotivation von A, sich an das Hilfesystem zu wenden. Die Vermutungen der Fachkräfte über weitere vorhandene Probleme, die anfangs von A noch nicht geäußert werden, sollten als Hypothesen dokumentiert werden. Ob sie im weiteren Fallverlauf bearbeitet werden, hängt von der Entwicklung des Beratungsprozesses ab. Würde A das traumatische Erlebnis des Zugunglücks weiterhin negieren, wäre eine aufgezwungene Traumabearbeitung kontraproduktiv.

Ad 2. Die zweite Frage zielt auf die rechtlichen Rahmenbedingungen ab, unter denen die Intervention stattfindet. Hierzu gehören etwaige behördliche oder gerichtliche Auflagen zur Inanspruchnahme der Beratungsleistung. Fragen hierzu wären beispielsweise: „Werden Sie in einer anderen Einrichtung auch betreut, die Sie an uns verwiesen hat?“ oder „Benötigen Sie eine Bestätigung, dass Sie hier in Beratung sind?“. Die Frage könnte prinzipiell auch lauten: „Haben Sie eine gerichtliche Auflage?“ Aber in diesem Fall scheint das unpassend, da wegen Lernschwierigkeiten nicht von einer behördlichen Auflage auszugehen ist. Die Frage nach den rechtlichen Rahmenbedingungen ist einerseits relevant, weil Hypothesen über die Motivationsstruktur der Klient:innen abgeleitet werden können. Andererseits kann eine behördliche oder gerichtliche Auflage für Fachkräfte bestimmte administrative Erfordernisse mit sich bringen.

Ad 3. Die Frage nach der akuten Gefährdung schließt die Abklärung von Selbst- und Fremdgefährdung sowie von existenziellen Notlagen ein. Teilweise ergeben sich diese Informationen bereits aus dem laufenden Gespräch und müssen dann nicht extra abgefragt werden. Sollten Unsicherheiten bestehen oder vonseiten der Klient:innen Andeutungen in diese Richtungen gemacht werden, könnten die folgenden Fragen beispielsweise zur Einschätzung der Selbst- und Fremdgefährdung helfen: „Wird Ihnen im Moment alles zu viel?“, „Haben Sie konkret schon einmal daran gedacht, Ihr Leben aktiv zu beenden?“ oder „Ist Ihnen aufgefallen, dass Sie in letzter Zeit angespannter waren oder aggressive Gedanken hatten?“. Speziell in Bezug auf Selbstgefährdung muss an dieser Stelle festgehalten werden, dass eine umfassende Exploration einer möglichen Suizidalität sich nicht auf die hier vorgeschlagenen Fragen beschränkt. Sollten sich Hinweise auf eine suizidale Gefährdungslage ergeben, ändert sich der Beratungsfokus. Die Suizidprävention ist vorrangig und der Gesprächsverlauf muss dahingehend gesteuert werden. Dies bedeutet möglicherweise ein sofortiges Hinzuziehen anderer Fachkräfte, spezieller Beratungsstellen oder Einsatzorganisationen. Bei dieser Falldarstellung gibt es dem ersten Anschein nach keine Anhaltspunkte für eine akute Selbst- oder Fremdgefährdung. Der Wunsch nach Abhalten eines Rituals anlässlich des Jahrestags des Unfalls lässt eher den Beginn eines Verarbeitungsprozesses vermuten. In der Falldarstellung wird angedeutet, dass bestimmte Einkommensquellen durch die Unfallfolgen für A nicht mehr verfügbar sind. Ob dies finanzielle oder sozialrechtliche Konsequenzen für A hat, lässt sich anhand der dargebotenen Informationslage nicht abschließend klären. Es sollte also unbedingt genauer nach der finanziellen Situation und der Wohnsituation gefragt werden. Fragen zur Einschätzung der existenziellen Bedrohung könnten beispielsweise sein: „Woher beziehen Sie aktuell Ihr Einkommen?“, „Wie kommen Sie aktuell finanziell zurecht?“, „Haben Sie offene Rechnungen zu begleichen?“ oder „Sind Sie mit Ihrer Wohnsituation zufrieden oder gäbe es dringenden Handlungsbedarf, etwas zu ändern?“.

**2. Welche der vier grundlegenden Prinzipien des diagnostischen Fallverstehens werden in diesem Fall besonders sichtbar?** (→ Kap. 2)

Die partizipative Orientierung und die reflexive Orientierung sind unbedingt zu beachten.

A gibt Lernschwierigkeiten und Konzentrationsprobleme als vordergründigen Leidensdruck an. Die Fachkraft hat die Vermutung, dass latent weitere Probleme vorhanden sind. Dem partizipativen Prinzip folgend, soll dialogisch, aushandlungsorientiert und beteiligungsfördernd erarbeitet werden, ob die Hypothese der Fachkraft zutrifft und tatsächlich zusätzliche Probleme zu bearbeiten sind. Eine Überwältigung von A, indem die Fachkraft ihre Sicht auf die aktuelle Situation über die Sicht von A stellt und eigenmächtig Interventionen bestimmt, würde nicht dem partizipativen Prinzip entsprechen. Die Fachkraft sollte sich vergegenwärtigen, dass ihre Annahmen einen hypothetischen Charakter haben und ggf. revidiert werden müssen. Dies entspricht der Berücksichtigung des reflexiven Prinzips.

# Lösung Fall B: Sozialamt

**1. Stellen Sie den Fall anhand des „Ablaufschemas Diagnose" (nach Pantucek, 2012) dar. Betrachten Sie dabei vor allem die Komplexitätsreduktion der erhobenen Daten zwischen Anamnese und Diagnose.** (→ Kap. 5.1.2)

Das Ablaufschema stellt den diagnostischen Prozess entlang der beiden Schritte Anamnese und Diagnose dar. Am Beginn steht die Anamnese, die die Sammlung der vorhandenen Daten über die Person zum Ziel hat. Es geht darum, umfassend über die komplexe Problemlage Bescheid zu wissen. In dieser Explorationsphase wird noch ohne Bewertung hinsichtlich Relevanz Datenmaterial zur Person gesammelt, um später Zusammenhänge oder Problemlösungsstrategien erkennen zu können.

Von B wissen wir aus der Fallgeschichte, dass er isoliert leben dürfte und nur einen Bekannten hat, den er regelmäßig trifft. Der vor Jahren unternommene Versuch Verwandte kennenzulernen ist gescheitert. B hatte eine schwierige Kindheit, die das Verhältnis zu seinen Eltern langfristig negativ gefärbt hat. Zudem hatte er Probleme in der Schule, hat keinen Abschluss erworben und sagt selbst über sich, er sei dumm. Seit dem stationären Krankenhausaufenthalt ist bekannt, dass B an paranoider Schizophrenie erkrankt ist und mittlerweile eine Berufsunfähigkeitspension erhält. Er verlässt seine Wohnung kaum. Die Wohnung dürfte stark verwahrlost und in einem schlechten hygienischen Zustand sein.

In diesem ersten Schritt, der Anamnese, kommt es unweigerlich zu einer Zunahme an Komplexität.

Im zweiten Schritt, der Diagnose, geht es darum, die Vielzahl von gesammelten Informationen auf den Klienten zu übertragen und die Daten in den Fall zu integrieren. Hierbei müssen jene Informationen, die für die Entscheidung über die weitere Bearbeitung relevant sind, herausgefiltert werden. Die Diagnose ist demnach die Bewertung und Entscheidung darüber, welche Daten zur weiteren Fallbearbeitung herangezogen werden. Es kommt somit zu einer Komplexitätsreduktion, da nicht mehr alle bekannten Daten berücksichtigt werden, sondern der Fokus auf jene gelegt wird, die zur Entscheidungsfindung oder Problembewältigung beitragen. Diese Reduktion ist notwendig, um weitere Interventionen planen, umsetzen oder argumentieren zu können.

Die Definition des Problems selbst und der Ausverhandlungsprozess passieren partizipativ. Somit fließen sowohl die Ansichten der Klient:innen als auch jene der Fachkräfte in die Ableitung des Bearbeitungsauftrags mit ein.

B könnte beispielsweise das Sozialamt aufgesucht haben, um eine finanzielle Zusatzleistung oder Einmalzahlung zu erhalten. Die Fachkraft erkennt ebenfalls die finanzielle Notlage von B und fokussiert daher zunächst auf all jene gesammelten Informationen, die Bs materielle Situation betreffen. Informationen über die Kindheit oder die Beziehung zu seinen Eltern beispielsweise können vorerst beiseitegeschoben und nicht bearbeitet werden, da der Bearbeitungsauftrag in diesem Fall Stabilisierung der finanziellen Situation lauten würde.

Wäre die partizipativ ausgehandelte Problemdefinition etwa auf den Zustand der Wohnung gerichtet, würden andere Information herangezogen werden.

Die Ausformulierung einer Sozialen Diagnose ist zwangsläufig immer eine Reduktion der Datenkomplexität.

2. **Welchen Nutzen versprechen Sie sich vom Einsatz eines biografischen Verfahrens in diesem Fall und welches würden Sie anwenden?** (→ Kap. 6.4)

Nach dem, was wir bis jetzt von ihm wissen, scheint B eine nicht sonderlich positiv gefärbte Vergangenheit zu haben. Der Verdacht liegt nahe, dass die vielen problematischen Erfahrungen, die er in seiner Kindheit gemacht hat, bis heute Auswirkungen zeigen. Mit einem biografischen Verfahren können zentrale Lebensereignisse strukturiert dargestellt werden, so können auch deren mögliche Auswirkungen bewusst gemacht werden. Durch die Darstellung der Ereignisse können Erfahrungen und der Umgang zudem validiert werden. Da B viel Negatives erlebt zu haben scheint, würde eine gewichtete Darstellung dies deutlicher hervorheben. Hierbei gibt es zwei unterschiedliche Ansätze: Entweder wird bewusst ein solches gewichtetes Verfahren, wie etwa die Lebenslinie, die zwischen „großartig" und „katastrophal" unterscheidet, gewählt, um die erlebten Schwierigkeiten einmal klar als solche darzustellen und mit all ihrer Schwere anzuerkennen. Oder aber es gibt die Vermutung, dass dieses klare Aufzeigen negative, gar traumatisierende Auswirkungen oder eine Dekompensation des Klienten zur Folge haben könnte, weshalb bewusst auf die Bewertung verzichtet wird. Die Entscheidung darüber wird unter Einbezug der fachlichen Expertise, der subjektiven Erfahrungen und je nach Kenntnis der Person getroffen. Auch ein partizipativer Auswahlprozess und der Miteinbezug des Klienten in die Methodenauswahl sind denkbar und sinnvoll.

Trotz guter und sensibler Überlegungen vorab kann nicht hundertprozentig vorhergesagt werden, welche Auswirkungen die Darstellung der eigenen Biografie hat. Die Möglichkeiten Pausen zu machen, aufkommende Emotionen anzusprechen oder an einem anderen Termin fortzusetzen können entlastend wirken.

Da B von seinen eigenen kognitiven Fähigkeiten nicht überzeugt scheint, ist von komplexen Verfahren sowie von detaillierten Einstufungen oder Datenerhebungen, die zu einer Herausforderung werden könnten, abzusehen. B soll keineswegs Überforderung erleben, sondern die Darstellung als mögliche Erklärung für aktuelle Problemlagen wahrnehmen.

Möglich wäre auch eine einfachere Version und in weiterer Folge oder nach einem längeren Zeitraum eine Vertiefung der zuvor erfolgten biografischen Auseinandersetzung.

# Lösung Fall C: Tageszentrum für Obdachlose

## 1. Liegt in diesem Fall eine kritische Lebenskonstellation nach dem Lebensbewältigungsansatz (Böhnisch, 2016) vor? (→ Kap. 4.1)

Im Lebensbewältigungsansatz werden die psychodynamische, die soziodynamische und die gesellschaftliche Dimension näher betrachtet. Bewältigungslagen sind Teil der gesellschaftlichen Dimension und werden als Brückenkonzept zwischen der Lebenslage und der Lebensbewältigung verstanden.

Bewältigungslagen sind per se kein sozial-diagnostisches Verfahren, aber bieten eine Möglichkeit zur systematischen Beschreibung von kritischen Lebenskonstellationen. Die Erfassung dieser kritischen Lebenskonstellationen dient der Sicherung oder (Wieder-)Herstellung der Handlungsfähigkeit. In diesem Fall ist die Wechselwirkung zwischen Diagnose und Intervention besonders gut ersichtlich.

Bewältigungslagen unterteilen sich in vier Dimensionen: Ausdruck, Abhängigkeit, Aneignung und Anerkennung. Umgelegt auf den Fall C zeigen sich die Bewältigungslagen entlang der „Vier As" folgendermaßen:

Ausdruck: C hat Schwierigkeiten die eigene Lebenslage und die damit verbundenen Problemstellungen zu thematisieren. So wird z. B. erst durch die Vernetzung der Fachkraft mit der Opferschutzeinrichtung bekannt, dass C dort bekannt ist und betreut wurde. C hat dies zuvor nie geäußert. Sie ist sich zudem der Gewalttätigkeit ihres Partners bewusst, möchte aber nicht mit frauenspezifischen Einrichtungen darüber sprechen oder deren Unterstützungsleistungen in Anspruch nehmen. Nach dem Gewaltvorfall, wo sie nachts von fremden Männern überfallen und misshandelt wurde, hat sie sich den Mitarbeiter:innen des Tageszentrums anvertraut und von den Drohungen ihres Ex-Partners erzählt.

Abhängigkeit: Abhängigkeiten, insbesondere durch (Ex-)Partner, sind und waren im Leben von C dominant. C lebt gerade in einer Gewaltbeziehung und leidet unter dem Alkoholkonsum ihres Partners. Obwohl sie sich dessen bewusst ist, sind andere Lebenskonzepte oder -perspektiven für sie gerade undenkbar. Die Beziehung zu diesem Mann ist von Abhängigkeiten geprägt. Davor war C von ihrem früheren Partner – zumindest in materieller und finanzieller Hinsicht – abhängig. Sie war mit ihm mitversichert und hat in seiner Wohnung gelebt. Durch seinen Tod wurde C obdachlos. Die dritte Abhängigkeit zeigt sich durch die Drohungen von ihrem Ex-Mann, der nach seiner Inhaftierung an ihr Rache üben möchte. Schließlich ist C auch von den professionellen Unterstützungsleistungen durch Fachkräfte und das Angebot von Einrichtungen abhängig. Sie kann so beispielsweise duschen, erhält Essen, wenn von ihr gewünscht einen Schlafplatz und hat neben ihrem Partner fixe Ansprechpersonen.

Aneignung: C hat in dieser Dimension einen Mangel. Sie verfügt über keinen Besitz und konnte sich materiell wenig aneignen. Ihre Wohnverhältnisse sind äußerst prekär. Außer ihrem Partner und den Fachkräften verfügt C über keine Freund:innen oder andere zentrale Bezugspersonen. C geht keiner Arbeit nach, somit gibt es auch kein Aneignungspotenzial in diesem Bereich. Über die Aneignung von Wissen und Kultur ist aus der Fallgeschichte nichts zu entnehmen.

Anerkennung: Der Fallgeschichte ist kein Hinweis auf erhaltene soziale Anerkennung zu entnehmen. C arbeitet nicht und scheint auch sonst wenig zu machen, wodurch sie von anderen Anerkennung erhalten würde. Das individuelle Streben nach psychosozialer Handlungsfähigkeit wird durch die unregelmäßig stattfindende Inanspruchnahme von Unterstützung deutlich. Es gelingt ihr noch nicht selbstständig vollumfassend handlungsfähig zu sein, aber sie ist sich dieser Hilfebedürftigkeit bewusst und sucht regelmäßig Sozialeinrichtungen auf. Über den Selbstwert lässt sich hier ebenfalls nur spekulieren: Aus der Literatur ist bekannt, dass obdach- und wohnungslose Menschen oftmals einen stark reduzierten Selbstwert haben und sich als wenig wirksam erleben. Dies könnte auch auf C zutreffen. Es finden sich keine Anzeichen auf eine erlebte Selbstwirksamkeit.

Die vier Dimensionen stehen in wechselseitiger Beziehung zueinander. Eine Veränderung auf einer Ebene könnte eine Beeinflussung auf einer anderen zur Folge haben. Würde C etwa die Abhängigkeit zu ihrem Partner reduzieren, indem sie nach Inanspruchnahme einer frauenspezifischen Beratung in ein Frauenhaus zieht, würde sie sich aufgrund dieser mutigen Entscheidung als selbstwirksam erleben und eine Verbesserung der Anerkennung wäre zu erwarten.

**2. Gehen Sie auf die vier Dimensionen der Bewältigungslage nach dem Lebensbewältigungsansatz von Böhnisch näher ein und beschreiben Sie diese anhand von Frau C.** (→ Kap. 4.1)

Der Lebensbewältigungsansatz ist kein sozial-diagnostisches Verfahren per se, aber dient als Anschlussstelle für Soziale Diagnostik und hilft bspw. Hypothesen zum Vorhandensein kritischer Lebenskonstellationen zu entwerfen. Es geht dabei um ein Verstehenwollen der geschilderten Lebenssituation und um deren Bewerten. Hypothesen sollen „diagnostisch brauchbar“ gemacht werden und der Entwicklung von konkreten Handlungsaufforderungen dienen.

Ausgehend von der oben durchgeführten Analyse der vier Dimensionen der Bewältigungslage ist auffällig, dass in allen vier Bereichen ein Defizit oder ein problematisches Verhalten, das nicht dem Wunschzustand entspricht, vorliegt. Es kann daher zweifelsohne von einer kritischen Lebenskonstellation gesprochen werden.

# Lösung Fall D: Erwachsenenpsychiatrie

1. **Formulieren Sie für diesen Fall ein passendes Ziel nach den SMART-Kriterien.** (→ Kap. 5.1.3)

Die bekannte Abkürzung „SMART" in Bezug auf Zielformulierungen steht für spezifisch, messbar, aktionsorientiert, realistisch und terminiert. Alle fünf Merkmale sollten bei der Zielformulierung berücksichtigt werden.

Eine Zielformulierung hinsichtlich der Verbesserung von Ds Gesundheitszustand könnte lauten:

> „Bis zu meiner Entlassung aus dem Krankenhaus werde ich täglich 30 Minuten aufbringen und – zusätzlich zum sonstigen Therapieangebot – selbstständig die von meinem Physiotherapeuten empfohlenen Übungen machen."

Ein anderes Ziel, dieses Mal seine Familie betreffend, wäre etwa:

> „In drei Monaten werde ich beim Kartenspielen mit meinen Töchtern die Spielkarten selbstständig halten können."

Beide Ziele sind in der Ich-Form formuliert, sodass klar ist, wer das Ziel erreichen will und für die Zielerreichung verantwortlich ist. Bei der Ausformulierung von Zielen ist es ratsam, die Sprache oder Ausdrucksweise von Klient:innen zu verwenden und damit das Ziel für sie auch greifbar zu machen. Klient:innen erleben dadurch das Ziel mehr als ihres und sind motivierter in der Umsetzung.

2. **Analysieren Sie anhand dieses Falles die Soziale Diagnose hinsichtlich ihrer interventionsvorbereitenden und ihrer interventionsplausibilisierenden Funktion.** (→ Kap. 3)

Zum jetzigen Zeitpunkt ist noch unklar, welche Ziele D verfolgt und wie sich die weitere Behandlung aus seiner Sicht idealerweise gestalten sollte. Soziale Diagnostik setzt hier an und kann interventionsvorbereitend wirken. Für eine Fachkraft auf der Erwachsenenpsychiatrie ist im Moment aus der Fallgeschichte noch nicht ersichtlich, welche individuellen Bedarfe und Bedürfnisse D außer seiner Genesung hat. Hier ist eine umfassende Anamnese und die darauf folgende Soziale Diagnose für die Planung weiterer Unterstützungsleistungen notwendig. Wird ein Bedarf erkannt, kann daraufhin die Entscheidung, wie weiter interveniert werden soll, erfolgen. Für die medizinischen

Fachkräfte dürfte der Behandlungsauftrag durch das Delir und die damit verbundenen körperlichen Einschränkungen klar sein. Für die sozialarbeiterischen Fachkräfte gibt es zum jetzigen Zeitpunkt noch keinen expliziten Behandlungsauftrag, der mit dem Klienten gemeinsam erhoben und formuliert wurde. Hier setzt die Soziale Diagnostik an und analysiert Informationen von oder für D. Die interventionsvorbereitende Funktion ist in diesem Fall eine essenzielle, um nicht am Bedarf des Klienten „vorbeizuarbeiten", sondern ihm zielgerichtet Unterstützung anbieten zu können.

Hinsichtlich der interventionsplausibilisierenden Funktion kann auf unterschiedlichen Ebenen gedacht werden. Durch die Soziale Diagnose ist etwa eine Begründung sozialarbeiterischer oder sozialtherapeutischer Interventionen anderen Berufsgruppen gegenüber möglich. Interventionsplausibilisierend meint auch plausibilisierend dem Klienten gegenüber. Durch den partizipativen Prozess davor erkennt D seine Bedarfslagen (besser) und ist vermutlich im Betreuungsverlauf kooperativer. Auf einer dritten Ebene könnte die Intervention dem Fördergeber gegenüber gerechtfertigt werden, da sich durch eine umfassende Soziale Diagnose auch Art, Dauer und Ausmaß der Intervention begründen lassen.

# Lösung Fall E: Senior:innenwohnheim

1. **Was zeichnet eine professionelle Arbeitsbeziehung generell aus? Welche Merkmale einer professionellen Arbeitsbeziehung werden in diesem Fall deutlich?** (→ Kap. 5.2)

Die professionelle Arbeitsbeziehung beginnt mit dem ersten Kontakt und ist ein entscheidender Faktor für den Verlauf und Erfolg der dargebotenen Unterstützungsleistung. Die Arbeitsbeziehung ist auch wesentlich für den sozial-diagnostischen Prozess und beeinflusst diesen unweigerlich. Eine transparente Arbeitsweise und die kritische Reflexion der gemeinsamen Arbeitsbeziehung helfen, diese während des sozial-diagnostischen Prozesses in die positiv-hilfreiche Richtung zu befördern und eine Entwicklung in die negativ-kontraproduktive Richtung zu vermeiden.

Arbeitsbeziehungen unterscheiden sich in vielerlei Hinsicht von Privatbeziehungen. Fachkräfte vertreten nicht nur ihre private Meinung, sondern sind auch Repräsentant:innen einer Institution. Der Auftrag der Einrichtung und die von der Einrichtung vorgegebenen Rahmenbedingungen beeinflussen klarerweise das Arbeitssetting. Zugleich wird Fachkräften aufgrund ihrer Tätigkeit eine gewisse Expertise zugeschrieben und Klient:innen haben ihnen gegenüber eine Erwartungshaltung. E wird von den Gesprächen mit ihrer Sozialarbeiterin andere Inhalte erwarten als von Gesprächen mit ihrer Zimmernachbarin. Aufgrund der Kompetenzen und des Wissens entsteht eine Asymmetrie in der Beziehung und es ergibt sich eine gewisse Machtposition, die es hinsichtlich ihrer Zweckgebundenheit zu reflektieren gilt. Fachkräften wird in der Regel eine Kompetenz zugesprochen, die eine Erwartungshaltung der Klient:innen zur Folge hat. Arbeitsbeziehungen unterscheiden sich von Privatbeziehungen auch aufgrund ihrer Begrenztheit. Der örtliche und zeitliche Rahmen, die Dauer und Frequenz des Kontaktes und die Intention sind vorgegeben. Arbeitsbeziehungen weisen eine gewisse Verbindlichkeit auf. Häufige Fehlkontakte können zur Beendigung der Betreuung führen.

Im vorliegenden Fall liegt eine gute, tragfähige Arbeitsbeziehung zwischen E und ihrer Sozialarbeiterin vor. E sucht regelmäßig den Kontakt zu ihrer Sozialarbeiterin, auch teils ohne konkreten Anlass. In den wöchentlichen Gesprächen öffnet sie sich sehr. Aus dem Tagebuch, das eines der persönlichsten Dokumente darstellen kann, vorzulesen benötigt großes Vertrauen. Zudem bespricht E in den Gesprächen auch den Stimmungskalender, den sie sehr gewissenhaft führt. E spricht im Kontakt mit ihrer Sozialarbeiterin schwierige Themen an und hat beispielsweise von dem Leidensdruck aufgrund der eingeschränkten Autonomie berichtet. Sie kann mitteilen, dass sie sich hilflos fühlt. Außerdem ist bekannt, dass E Angst hat, ihren Partner zu verlieren, und dass sie große Eifersucht ihm gegenüber empfindet. Es liegt nahe, dass E diese Information der Sozialarbeiterin mitgeteilt hat oder diese die Eifersucht in der Betreuung wahrgenommen hat. Beides wäre ein Anzeichen für eine gelungene professionelle Beziehungsgestaltung.

**2. Welche Ressourcen können Sie in diesem Fall diagnostisch erheben?** (→ Kap. 6.5)

In der Beantwortung dieser Frage scheint es sinnvoll auf zwei unterschiedliche Arten der Ressourcenerkennung zu achten.

Zum einen liegen manche Ressourcen klar auf dem Tisch und springen beim ersten Lesen sofort ins Auge. E ist sehr kreativ und nutzt diese Kreativität vielfältig. Sie malt gerne und portraitiert andere Menschen. E ist musikalisch, spielt Orgel und Ziehharmonika. All diese Fähigkeiten zeigt sie anderen Menschen und lässt sie an ihren Begabungen teilhaben, indem sie Portraits von anderen Bewohner:innen malt oder bei diversen Veranstaltungen auftritt. Es ist anzunehmen, dass sie dafür viel positives Feedback und Wertschätzung erhält. E ist sehr kommunikativ und weiß diese Ressource im Umgang mit anderen gut einzusetzen. Sie ist sehr offen, scheint gerne im Kontakt mit anderen Menschen zu sein und diese sozialen Beziehungen als wertvoll zu empfinden. Der Kontakt zu anderen Menschen ist ihr jedenfalls wichtig.

Zum anderen lassen sich Ressourcen zwischen den Zeilen herauslesen: E fällt die Benützung des Rollstuhls schwer. Das lässt darauf schließen, dass sie aber immerhin motiviert ist, diesen zu verwenden, und stets versucht, den Umgang damit zu verbessern. Sie gibt sich nicht auf, sondern möchte mobil bleiben, was für eine intrinsische Motivation spricht. E hat einen Partner gefunden und hält die Beziehung zu ihm aufrecht. Und E hat eine gute Beziehung zu den Fachkräften und kann deren Unterstützung annehmen.

E hatte bis zum Einzug ins Senior:innenwohnheim keinen Überblick über ihre Finanzen. Erst im Zuge der Betreuung wurde ihr ersichtlich, wofür sie wie viel Geld ausgibt. Es wäre denkbar, dass dieses Wissen und der Überblick ihr gewissermaßen Selbstbewusstsein oder Sicherheit geben könnten.

# Lösung Fall F: Wohngemeinschaft für fremduntergebrachte Kinder

**1. Was sind in diesem Fall anamnestische Daten? Welche Soziale Diagnose leiten Sie davon für den Fall ab?** (→ Kap. 5.1.1)

Die Anamnese hat zum Zweck, fallbezogene Informationen ohne Bewertung zu sammeln. Es kommt dabei unweigerlich zu einer Zunahme an Komplexität. Folgende anamnestische Daten lassen sich im Fall F finden:

- Geschlecht: männlich
- Alter: 7 Jahre
- fremduntergebracht, lebt seit vier Monaten in der WG, davor ebenfalls fremduntergebrachte Wohnformen (2 x WG, 1 x Krisenplatz), Wechsel der WGs passierten auf Anregung der Einrichtung
- Mutter war mit F gemeinsam betteln, der Bub war dabei inadäquat gekleidet.
- Vor der Kindesabnahme lebte er gemeinsam mit der Mutter und Schwester auf sehr beengtem Raum. Die Familie hatte 22 Hunde.
- Seine Mutter „wollte keine Kinder mehr" und gab an, überfordert zu sein. Sie bereue es, Kinder zu haben.
- Die Mutter lehnte jeglichen persönlichen Kontakt zu F und seiner Schwester ab.
- Die Betreuer:innen in der WG geben an, von F sehr gefordert zu werden.
- F isst Dinge, die nicht zum Verzehr gedacht sind (Müll, Insekten, ...).
- F schläft auf dem Fußboden anstatt im Bett und wird deswegen von den anderen WG-Kindern ausgelacht.
- Es gab und gibt immer wieder Situationen, in denen F versucht aus der WG wegzulaufen.
- F hat wiederholt andere WG-Kinder oder Schulkolleg:innen bestohlen.
- Es gibt schulische Schwierigkeiten.
- F hat viele Aggressionen und macht vieles, was er besitzt, kaputt.
- Die Betreuer:innen erleben F als einen herzigen Jungen, der hilfsbereit ist.
- F ist sehr gerne in der Natur. Er ist interessiert an Tieren und Pflanzen.
- Freude empfindet F, wenn etwas blüht oder er Gemüse ernten kann.

Nach der Auflistung und Durchsicht der fallbezogenen Daten beginnt deren Bewertung. Eine Soziale Diagnose könnte dabei lauten:

> Der 6-jährige F hat aufgrund mehrerer Problemlagen einen intensiven Unterstützungsbedarf. Seine Kindheit war durch die Ablehnung der Mutter und die damit verbundenen Unsicherheiten geprägt. F erlebte durch mehrmalige Wohnort- und Betreuungswechsel mehrfach Beziehungsabbrüche, welche sich auf sein heutiges Verhalten auswirken. F hat Schwierigkeiten

im Umgang mit anderen Kindern und er zeigt ein auffallendes, widerspenstiges und teils aggressives Verhalten in der WG. Positiv zu erwähnen sind seine Begeisterung für die Natur, für Pflanzen und Tiere sowie seine Hilfsbereitschaft.

Die Soziale Diagnose ist deutlich kürzer als die zuvor dargestellte Auflistung anamnestischer Daten. Einzelne Punkte aus der Datenerhebung werden zusammengefasst und interpretiert. Erklärungen für Situationen oder Verhaltensweisen werden, sofern sie eindeutig sind, im Rahmen der Sozialen Diagnose getätigt. Ausgehend von dieser Diagnose könnte die Interventionsplanung begonnen werden.

**2. Welches sozial-diagnostische Verfahren würden Sie in diesem Fall favorisieren?**
(→ Kap. 6.)

Eine für F zu diesem Zeitpunkt passende Methode wären die Koordinaten psychosozialer Diagnostik und Intervention. Durch die Darstellung von Ressourcen und Belastungen auf der umwelt- und personbezogenen Ebene wäre eine umfassende Erhebung möglich, um die Einflussfaktoren, für die F nicht verantwortlich ist, aufzeigen. Zudem werden durch die explizite Einteilung in Ressourcen und Belastungen auch Fs Stärken und Potentiale sichtbar. Es ist anzunehmen, dass F aufgrund seines Verhaltens von Mitmenschen nicht nur positives Feedback und Wertschätzung erfährt und dies möglicherweise negativ verstärkend wirkt. Jede Soziale Diagnose ist zugleich auch Intervention. Der Interventionscharakter dieses Verfahrens liegt im Bewusstmachen der positiven Anteile und von deren Verstärkung. F ist mehr als sein negatives Verhalten, auf das er teils reduziert wird oder weswegen im Umfeld Probleme mit anderen entstehen. Ressourcen und Stärken des Umfelds könnten F als Unterstützungsmöglichkeit wieder in Erinnerung gerufen werden.

Bei der Durchführung dieses sozial-diagnostischen Verfahrens ist im Falle von F jedenfalls auf eine kindgerechte Formulierung zu achten, denn Begriffe wie „Ressourcen“ oder „Stressoren“ sind F vermutlich wenig geläufig.

# Lösung Fall G: Psychosoziale Beratungsstelle

1. **Wie könnte der subjektiv empfundene Leidensdruck im Rahmen der primären Ebene sozial-diagnostischer Abklärung erhoben werden?** (→ Kap. 5.3.1)

Sobald der Unterstützungsprozess der Klient:innen beginnt, gilt es die primäre Ebene sozial-diagnostischer Abklärung zu erfassen. Ein zentraler Bestandteil hierbei ist die Erhebung des subjektiven Leidensdrucks. Mögliche Fragen zur Erhebung des subjektiv empfundenen Leidensdrucks sind beispielsweise:

*Was belastet Sie an der jetzigen Situation?*
*Wie empfinden Sie die Problematik?*
*Was wünschen Sie sich? Gibt es etwas, das Sie jetzt dringend brauchen würden?*
*Gibt es Momente, in denen Sie nicht an das vorliegende Problem denken?*
*Hat sich die Situation verschlechtert? Wodurch ist die Verschlechterung entstanden?*
*Seit wann bemerken Sie eine Verschlechterung?*
*Was hat Sie veranlasst jetzt Hilfe in Anspruch zu nehmen?*
*Wie würde Ihr Alltag ohne das Problem aussehen?*

Die subjektiven Einschätzungen der Fachkräfte über den Leidensdruck von G dürfen und können voneinander abweichen. Entscheidend ist der empfundene Leidensdruck der Klientin. Daher ist es notwendig die Schilderung subjektiver Wahrnehmungen zu ermöglichen bzw. zu fördern und verstehen zu wollen, worum es ihr konkret geht.

Falls es G schwerfällt, diese Fragen zu beantworten, sind alternative Erhebungsformen denkbar. Eine Möglichkeit wäre eine Skalierungsfrage, z. B.: „Auf einer Skala von 1 bis 10, wobei 10 katastrophal und 1 unbedeutend ist, wie sehr belastet Sie die jetzige Situation?" Eine andere Möglichkeit wäre der Vergleich mit früher: „Wie war es für Sie vor einem Monat/Jahr?" Falls Klient:innen Tagebücher oder andere schriftliche Dokumente, etwa einen Stimmungskalender, haben, können diese ebenso zur Beurteilung herangezogen werden.

Eine letzte Möglichkeit ist es, die Beobachtungen als Fachkraft der/dem Klient:in zur Verfügung zu stellen. Welchen Eindruck hat die Fachkraft heute im Vergleich zu vorherigen Kontakten? Wichtig ist hierbei, diese Beobachtungen nur als Hypothese zur Verfügung zu stellen, die jedenfalls einer Bestätigung durch die Klient:innen bedarf. Bei angepassten Klient:innen oder Personen, die sozial erwünscht antworten, ist von dieser Variante aufgrund der Möglichkeit der Beeinflussung abzusehen.

2. **Für welche der in diesem Buch vorgestellten Netzwerkkarten würden Sie sich im Rahmen der Sozialen Diagnose in diesem Fall entscheiden? Begründen Sie Ihre Entscheidung.** (→ Kap. 6.3.1.)

Was aus der Fallgeschichte bekannt ist, lässt darauf schließen, dass G eher wenige soziale Kontakte hat. Eine Unterteilung dieser einzelnen Bezugspersonen in vier oder acht Felder scheint wenig hilfreich und würde die vollständige Leere in manchen Bereichen verdeutlichen. Da G bereits an einer depressiven Symptomatik leidet, muss diese durch das Aufzeigen von fehlenden Sozialkontakten nicht zusätzlich verstärkt werden. G hat zudem Schwierigkeiten sich umfassend und adäquat auf Deutsch auszudrücken. Eine Variante der Netzwerkkarten, die hierfür hilfreich ist, ist die Ecomap. Da bereits Personen vorgegeben sind, die, falls vorhanden, nur markiert werden, ist die Bearbeitung einfacher. Zudem ist davon auszugehen, dass alle relevanten Personen im Umfeld von G auf der Ecomap vorzufinden sind.

Mit den zu G vorhandenen Informationen könnte die Ecomap folgendermaßen aussehen (Abb. 24).

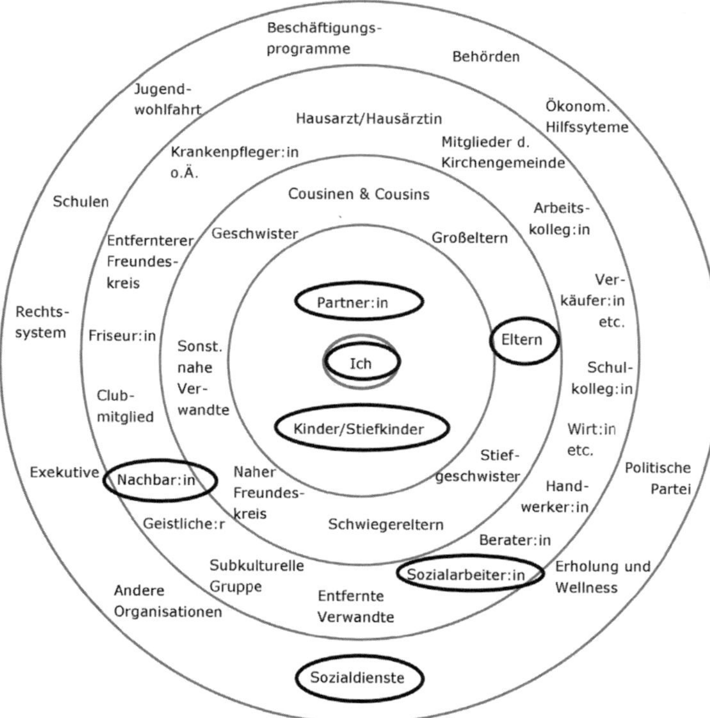


Abb. 24: Ecomap von G, eigene Darstellung unter Verwendung der Vorlage nach Pantucek, 2019

# Lösung Fall H: Lebensmittelausgabe mit Beratungsangebot

**1. Welche nach dem Systemtheoretischen Paradigma (Staub-Bernasconi, 2007) diagnoserelevanten Daten müssen Sie in diesem Fall erheben?** (→ Kap. 4.2)

Das Systemtheoretische Paradigma begreift den Menschen als ein psycho-biologisches System, wobei seine Bedürfnisse jedenfalls berücksichtigt werden müssen. Jedes Verhalten ist von mehreren, teils unterschiedlichen Bedürfnissen motiviert. Dabei gibt es Bedürfnisse, deren Befriedigung unaufschiebbar ist oder nur einen kurzfristigen Aufschub duldet. Bei anderen Bedürfnissen kann die Befriedigung warten oder über einen langen Zeitraum hinweg ausgedehnt werden. Menschen wissen nicht nur über die eigene Bedürftigkeit Bescheid, sondern haben auch die Fähigkeit, die sie umgebenden sozialen Systeme hinsichtlich Unterstützungsmöglichkeiten zur Bedürfnisbefriedigung zu bewerten.

Auch wenn Hs Bedürfnisse nicht explizit als solche bezeichnet werden, finden sich einige, auf die im Zuge des sozial-diagnostischen Prozesses näher eingegangen werden sollte. H kommt z. B. wöchentlich zum Lebensmitteleinkauf, was auf das Bedürfnis nach ausreichend Nahrung hindeutet. H hat ein großes Bedürfnis nach einer stabilen und ihm bekannten Wohnumgebung, sonst hätte er das Weiterwohnen im Geburtshaus nicht als einen der größten Erfolge seines Lebens bezeichnet. Zweifelsohne hat H auch ein Bedürfnis, gerecht und fair behandelt zu werden. Aus Angst, dies könnte nicht der Fall sein, verzichtet H auf Sozialleistungen.

Neben den Bedürfnissen ist auf die Art der Bewältigungsstrategien einer Person zu achten. Dabei wird zwischen einer innerpsychischen Verarbeitung und einer nach außen gerichteten Bewältigungsform unterschieden. Erstere meint etwa eine Veränderung der Kognition, eine Rationalisierung oder eine Anpassung an die vorherrschenden Gegebenheiten. Veräußerte Bewältigungsformen tragen die Spannungen nach außen und zeigen sich durch erhöhte Gewaltbereitschaft, Aggressionen, Protest, Konflikte oder Kriminalität. Bei H findet eine solche nach außen gerichtete Bewältigung in Form von Ablehnung sozialer Unterstützungsleistungen und Widerstand, sich medizinisch begutachten zu lassen, statt. Seine Wut und seine Enttäuschung über die sichtlich missglückte erste Begutachtung richten sich klar nach außen und zeigen als Folge Resignation seinerseits.

Im Systemtheoretischen Paradigma wird davon ausgegangen, dass eine Gesellschaft aus Individuen besteht, die zum Zwecke der individuellen Bedürfnisbefriedigung Austauschbeziehungen eingehen. Diese Austauschprozesse werden u. a. reguliert durch:

- Ressourcenverteilung
- Arbeitsteilung

- Konsensbildung
- Legitimationsverfahren und Sanktionierungen
- Gesellschaftliche Reichweite der Regeln

H hat nicht sonderlich viele solcher Austauschbeziehungen zu verzeichnen. Eine zentrale ist jene zu seiner Partnerin, die eine große Unterstützung für ihn darstellt. Hinsichtlich der Ressourcenverteilung profitiert H von seiner Partnerin, die ihn finanziell und durch die Möglichkeit der Sozialversicherung unterstützt. Über die Arbeitsteilung, Konsensbildung und die Reichweite der gemeinsamen Regeln bzw. über die Regeln per se ist kaum etwas bekannt. Es ist anzunehmen, dass die Partnerin das vermeidende Verhalten ihres Partners legitimiert und akzeptiert, da nicht von Sanktionen gesprochen und H aktiv von ihr unterstützt wird. Das deutet auf eine Zustimmung hin.

**2. Wie lässt sich daraus eine Soziale Diagnose formulieren?** (→ Kap. 6)

Das Systemtheoretische Paradigma geht von reflektierenden Individuen aus, die wissen, was sie wissen (und wollen). Individuen sind zugleich auch immer Teil einer Gesellschaft, in der sie Austauschbeziehungen mit anderen eingehen und wo sich in dieser gesellschaftlichen Einbettung Schwierigkeiten auftun können. Die Soziale Diagnose fokussiert daher auf die Bedürfnisse der Individuen und auf die Austauschprozesse bzw. die Dynamiken darin. Soziale Diagnostik aus systemtheoretischer Sicht folgt den vier grundlegenden Prinzipien und gestaltet sich partizipativ, reflexiv, sozialökologisch und mehrperspektivisch. Die Definition der Problemlage erfolgt im gemeinsamen Ausverhandlungsprozess mit H. Neben seiner subjektiven Sicht und der Einschätzung als Fachkraft ist die Berücksichtigung anderer Wahrnehmungen oder Problemdefinitionen gewinnbringend. Der zusätzliche Einbezug der lebensweltlichen Gegebenheiten und der Kontext der Problemlage spiegeln die sozialökologische Sichtweise wider. Die reflexive Sicht zeigt sich schließlich in der regelmäßigen Bewertung der Sachlage, der Aktualität oder notwendigen Adaptierungen.

# Lösung Fall I: Haftentlassenenhilfe

**1. Formulieren Sie für diesen Fall ein passendes Ziel nach den SMART-Kriterien.** (→ Kap. 5.1.3)

Der Fallgeschichte sind zwei offensichtliche Wünsche Is zu entnehmen. I möchte einerseits seine im Gefängnis begonnene Malerlehre abschließen und andererseits künftig nicht mehr straffällig werden. Beide Wünsche können im Rahmen der Interventionsplanung als Ziele ausformuliert und für die Interventionsplanung leitgebend behandelt werden.

**S:** Das S der smarten Zielformulierung meint „spezifisch". Vage, mehrdeutige oder unklare Formulierungen sind der Zielführung wenig dienlich. Spezifisch sind Formulierungen, wenn sie konkret, detailliert und präzise sind, sodass klar ist, welches Ziel tatsächlich erreicht werden soll. Detailliert meint dabei keine ausschweifenden oder ausführlichen Beschreibungen, sondern auf den Punkt gebrachte, prägnante und eventuell auch in einem Satz formulierte Zielbeschreibungen.

**M:** Ziele sollen so formuliert sein, dass sie messbar, also hinsichtlich ihrer Zielerreichung überprüfbar, sind. Der hierbei viel zitierte Leitsatz lautet: Was nicht messbar ist, kann nicht erreicht werden. Die Messbarkeit kann sich durch quantitative Referenzgrößen (Zahlen, Zeiteinheiten, Stückzahlen etc.) oder durch qualitative Kriterien (Zufriedenheit, Wohlbefinden etc.) ergeben. Gute Zielformulierungen beinhalten demnach messbare Parameter, die der (Zwischen-)Überprüfung des Ziels dienlich sind.

**A:** Mit A ist die Aktionsorientierung der Zielformulierung gemeint. Ziele sollen zum Aktivwerden anregen und die Motivation für die Umsetzung fördern. A meint auch die Attraktivität von Zielen, also die Frage, warum es sich lohnt, für dieses Ziel überhaupt eine Veränderung oder einen Mehraufwand zu investieren.

**R:** Kaum etwas ist frustrierender als Vorsätze zu haben, die aufgrund von zu großen Ambitionen, übersteigertem Ehrgeiz oder fehlender Machbarkeit in ihrer Umsetzung scheitern. Zielformulierungen sollten daher realistisch gestaltet werden und erreichbar sein. Idealerweise stellt die Zielformulierung eine Herausforderung dar, für deren Bewältigung die Person ausreichend Ressourcen zur Verfügung hat.

**T:** Ziele sollten schließlich terminisiert und mit einer Deadline oder einem zeitlichen Rahmen versehen werden. Die Zielterminisierung stellt auch während der Interventionsphase einen wichtigen Kontrollpunkt dar, an dem die derzeitige Zielerreichung immer wieder reflektiert werden kann. Vage Formulierungen wie „in den nächsten Jahren" oder „im Sommer" sollten idealerweise mit einem konkreten Enddatum versehen werden.

Beginnen wir mit dem Wunsch, die Malerlehre zu beenden. I könnte unter Berücksichtigung der smarten Zieldefinition die folgende Formulierung treffen:

> „Ich werde in den nächsten 3 Jahren eine Anstellung als Malerlehrling finden und meine Lehrabschlussprüfung positiv absolvieren."

Im Hinblick auf das Ziel, nicht mehr straffällig zu werden, erscheint eine unbegrenzte, das gesamte Leben andauernde Zeitdauer schwer umzusetzen. Zielführender ist hierbei die Koppelung an konkrete Vorgaben, etwa die Beendigung der gerichtlichen Auflagen.

> „Ich nehme bis zum Ende des nächsten Jahres am 14-tägigen Anti-Gewalt-Training teil, wo mein Verhalten in der Gruppe reflektiert wird, da ich keine illegalen Sachen machen möchte, die zu einer Verlängerung meiner Auflagen oder zu einem erneuten Gefängnisaufenthalt führen könnten."

Auch Ziele hinsichtlich der Verbesserung seines Gesundheitszustands, einer Reduktion seines Substanzkonsums oder sportliche Ziele, wie etwa der Erhalt einer höheren Graduierung im Kampfsport, wären denkbar.

Die Formulierung „illegale Sachen" wirkt an dieser Stelle für manche vielleicht flapsig, verdeutlicht aber die Wichtigkeit, Ziele in der Sprache Klient:innen zu formulieren.

Beide Ziele sind positiv formuliert. Nicht-Ziele zu formulieren fällt Klient:innen häufig leichter. Sie wissen genau, was sie nicht möchten, aber können teils nur schwer artikulieren, was sie brauchen oder sich wünschen.

Zielformulierungen aus der Ich-Perspektive wirken motivierend und sind deshalb – wenn auch in den wenigsten Beschreibungen über die SMART-Kriterien explizit erwähnt – hinsichtlich ihrer Verantwortungsspezifizierung empfehlenswert. Nicht die Fachkräfte, sondern I selbst trägt die Verantwortung für die Umsetzung und zeitliche Einhaltung seiner Ziele. Zielformulierungen sollten in Bezug zur Betreuung oder Behandlung stehen und im weiteren Verlauf gemeinsam mit den fallverantwortlichen Fachkräften regelmäßig reflektiert werden.

**2. Formulieren Sie Indikatoren für die Erkennung der Zielerreichung.**
(→ Kap. 5.1.3)

Mit der Festlegung eines Zieles geht die Festlegung der Überprüfbarkeit der Zieldefinition einher. Von Beginn an ist die Beschäftigung mit Parametern, die zur Einschätzung der Zielerreichung herangezogen werden, begleitend im Fokus. Klient:innen sollten stets erkennen können, auf welchem Stück des Weges zum Ziel sie sich gerade befinden.

Eine Unterteilung in „vollständig erreicht", „größtenteils erreicht", „überwiegend erreicht", „teilweise erreicht" und „nicht erreicht" ist sinnvoll.

Nehmen wir das Ziel „Ich werde in den nächsten 3 Jahren eine Anstellung als Malerlehrling finden und meine Lehrabschlussprüfung positiv absolvieren" und überlegen, wie sich die schrittweise Erreichung des Ziels ausformulieren ließe.

*Vollständig erreicht*: I hält spätestens am Ende der drei Jahre sein Zeugnis der bestandenen Lehrabschlussprüfung in den Händen.

*Größtenteils erreicht*: I hat seine Lehrzeit bei einem Arbeitgeber erfolgreich absolviert, er lernt gerade für die Abschlussprüfung und ist zuversichtlich diese zu schaffen.

*Überwiegend erreicht*: I hat einen Arbeitgeber gefunden, besucht den Unterricht in der Berufsschule ohne Fehlzeiten und hat Freude an der täglichen Arbeit als Malerlehrling.

*Teilweise erreicht*: I geht zwar seiner Beschäftigung als Lehrling nach und freut sich über die Lehrlingsentschädigung, aber nimmt nicht am Unterricht in der Berufsschule teil. Ein Abschluss der Lehre scheint somit gerade wenig denkbar.

*Nicht erreicht*: I hat noch keine Arbeitsstelle gefunden, wo er seine Ausbildung absolvieren kann.

Bei „nicht erreicht" wäre auch die Sichtweise legitim, dass alles andere als das Zeugnis als nicht erreichtes Ziel zu sehen ist. In der Sozialen Arbeit ist eine solch dichotome Betrachtungsweise ohne Validierung des Bemühens und der Versuche der Klient:innen unüblich. Auch wenn keine vollständige Erreichung des Ziels eingetreten ist, hat I viel investiert, hat vielleicht Bewerbungen geschrieben, in Vorstellungsgesprächen versucht potenzielle Arbeitgeber:innen von sich zu überzeugen, hat sich auf erste Arbeitsversuche eingelassen oder die Berufsschule, zumindest teilweise, besucht. Solches Engagement der Klient:innen ist wertzuschätzen, um Demotivation und Frustration, die auch zum Abbruch der Arbeitsbeziehung führen könnten, zu vermeiden oder gering zu halten.

Blicken wir auf das zweite ausformulierte Ziel: „Ich nehme bis zum Ende des nächsten Jahres am 14-tägigen Anti-Gewalt-Training teil, wo mein Verhalten in der Gruppe reflektiert wird, da ich keine illegalen Sachen machen möchte, die zu einer Verlängerung meiner Auflagen oder zu einem erneuten Gefängnisaufenthalt führen könnten."

*Vollständig erreicht* ist dieses Ziel, wenn I bis zum Ablauf seiner gerichtlichen Auflagen nicht erneut straffällig geworden ist und bis zum Ende am Anti-Gewalt-Training teilgenommen hat und dieses auch inhaltlich für sich nutzen konnte.

*Größtenteils erreicht*: I ist nicht straffällig geworden, hat das Anti-Gewalt-Training abgeschlossen, aber sich dabei nicht immer inhaltlich eingebracht.

*Überwiegend erreicht*: I hat das Anti-Gewalt-Training zwar besucht, aber die Zeit dort eher abgesessen und nicht für sich genutzt.

*Teilweise erreicht*: I ist erneut aggressiv geworden, hat einen Bekannten im Streit körperlich verletzt, wurde aber nicht angezeigt, sondern der Konflikt wurde „unter Freunden geregelt".

*Nicht erreicht*: I wurde straffällig, dabei erwischt und bei einer erneuten Gerichtsverhandlung verurteilt.

# Lösung Fall J: Tageszentrum für Obdachlose

**1. Wie könnte unter Berücksichtigung der eigenen institutionellen Zuständigkeit eine Zuweisungsdiagnostik methodisch umgesetzt werden?** (→ Kap. 3)

Im Rahmen der Zuweisungsdiagnostik wird bestimmt, ob und welche Unterstützungsleistungen für den individuellen Fall geeignet sind. In der Beurteilung der Zuständigkeit werden nicht alle Phänomene der Fallgeschichte berücksichtigt, sondern nur jene, die für die Bearbeitung der präsentierten Fragestellung Relevanz haben. Dazu ist ein hohes Maß an Orientierung notwendig. Bei der Zuständigkeit geht es sowohl um die inhaltliche als auch um die organisatorische oder rechtliche Zuständigkeit, die im Rahmen der Sozialen Diagnostik überprüft und reflektiert werden müssen. Abhängig vom Ergebnis des sozial-diagnostischen Prozesses und dem dadurch bedingten Ersichtlichwerden von sozialen Problemlagen oder Bedarfen ist eine Einrichtung weiterhin für die Klient:innen zuständig oder eben nicht mehr. Bei J wird rasch ersichtlich, dass er als Asylwerber in Wien keine sozialrechtlichen Ansprüche hat und aufgrund der örtlichen Zuständigkeit nach Tirol zurückkehren sollte. Das Tageszentrum fungiert hier als Brücke, es ist zwar keinesfalls die ideale, aber definitiv eine für J in Wien vorübergehend passende Einrichtung. In einem Tageszentrum können sich anspruchsberechtigte und nicht anspruchsberechtigte erwachsene Menschen aufhalten, finden einen Rückzugsort zur Erholung, werden mit Essen versorgt, können sich duschen oder Strom und Internet nutzen. All das sind Dinge, die J während seines Aufenthalts in Wien dringend benötigt. Da er offensichtlich kein bestehendes Hausverbot im Tageszentrum hat, ist dieses im Rahmen einer Basisversorgung zuständig. Am vorliegenden Beispiel wird aber auch ersichtlich, dass der Auftrag und das Unterstützungspotenzial dieser sehr niederschwelligen Einrichtung endet und eine weitere Anbindung an die asylspezifischen Angebote, die auch über die örtliche Zuständigkeit verfügen, notwendig ist. Im Fall J wird zudem gut ersichtlich, dass die Einschätzung der Fachkräfte über die Zuständigkeit und die der Klient:innen nicht übereinstimmen muss, und es kann im weiteren Betreuungsprozess notwendig werden, gegen den Wunsch der Klient:innen aufgrund der fehlenden institutionellen Zuständigkeit eine Weiterbetreuung nicht zu ermöglichen. Problematisch wird dies, wenn zwar theoretisch klar ist, dass die eigene Einrichtung nicht die am besten geeignete ist, aber die Zuständigkeit aufgrund fehlender Ressourcen der anderen Einrichtung nicht abgegeben werden kann.

Die Zuständigkeit kann durch den Abgleich des bestehenden Angebots und die Erhebung der Bedarfslagen erfolgen. Welche Problemlagen sind gerade vorrangig und hat die Einrichtung auch die notwendige Expertise, um in deren Bearbeitung unterstützend zu wirken? Falls dies nicht klar beantwortet werden kann, ist eine Weitervermittlung oder zumindest der Austausch mit anderen, auf die Fragestellung spezialisierten Einrichtungen notwendig.

**2. Welche der in diesem Buch vorgestellten sozial-diagnostische(n) Verfahren(n) würden Sie im Fall J prioritär anwenden?** (→ Kap. 6.)

Zwei methodische Zugänge erscheinen ob der wenigen Informationen über J sinnvoll:

1) Da außer dem Sozialarbeiter in Tirol keine weiteren Bezugspersonen bekannt sind, ist ein netzwerkorientiertes Verfahren zu empfehlen. Bis dato ist noch recht unklar, ob und welche sozialen Kontakte J in Österreich hat oder noch nach Nigeria pflegt. Da eine Unterteilung des sozialen Netzwerks in die vier von Pantucek-Eisenbacher (2019b, S. 194) beschriebenen Sektoren ob der vermutlich wenigen Bezugspersonen wenig zielführend scheint, wäre beispielsweise die Erhebung mittels sozialen Atoms anzuraten. Haben Klient:innen eine gewisse Vorliebe oder ein bestimmtes Hobby, könnte dies als guter Anknüpfungspunkt zur Darstellung des sozialen Atoms dienen. So wäre bei einem Autoliebhaber die Darstellung mit kleinen Spielzeugautos und bei Tier-Fans die Darstellung mit Tierfiguren denkbar. Da bei J keine solche Leidenschaft erkennbar ist, raten wir neutrale Gegenstände, wie etwa Geldmünzen oder Knöpfe, für die Erstellung des sozialen Atoms heranzuziehen.

2) Über Js Biolgrafie ist kaum etwas bekannt. J ist aus Nigeria geflohen. Der Grund für seine Flucht, aber auch die zunehmend schizoide Symptomatik, welche sich in den Erfahrungen aus der Vergangenheit begründen dürfte, ist nicht bekannt. J hat mit den betreuenden Fachkräften weder über die Flucht noch über die Zeit davor jemals gesprochen. Lässt sich J überhaupt auf diese Methode ein, öffnet sich und teilt sich bezüglich zentraler biografischer Erlebnisse mit, ist dies jedenfalls zu validieren und zu fördern.

# Lösung Fall K: Frauenberatung

**1. Welche sozialökologischen Aspekte müssen Sie in diesem Fall besonders berücksichtigen?** (→ Kap. 2)

Unter sozialökologischen Aspekten werden all jene verstanden, die zwischen einem Individuum und seiner Lebenswelt wirken und sich wechselseitig beeinflussen können. Im Fall von K wären das etwa das Vorhandensein einer Erwachsenenvertretung. Durch diesen Umstand ist K von einer anderen Person und deren Entscheidungen abhängig. K kann nicht gänzlich selbstständig über alle Bereiche ihres Lebens verfügen. Die Erwachsenenvertretung stellt durch die dargebotene Unterstützung und die Abnahme von gewissen Verantwortungen auch eine Entlastung und demnach Ressource dar. Ein anderer sozialökologischer Aspekt ist der frühere Freundeskreis, der zu regelmäßigem Drogenkonsum und illegalen Tauschgeschäften führte. K hat sich hierbei in verschiedene Gefahren begeben. Ob heute aufgrund des damaligen Heroinkonsums noch körperliche oder psychische Folgeerscheinungen beeinflussend wirken, sollte im Zuge des diagnostischen Prozesses eruiert und ggf. mitberücksichtigt werden. Ein weiterer, aus unserer Sicht sehr relevanter sozialökologischer Aspekt ist die vor Jahren passierte Kindesabnahme, die mit Sicherheit prägend und traumatisierend erlebt wurde. Durch diese Erfahrung könnte K sich Fachkräften gegenüber weniger offen zeigen, da sie negative Konsequenzen erwarten könnte. Eine transparente und partizipative Arbeitsweise, die den Auftrag der Fachkraft deutlich werden lässt, ist daher für den sozial-diagnostischen Prozess wichtig. Auch die angstbedingte Unfähigkeit öffentliche Verkehrsmittel zu benützen und die damit verbundene Abhängigkeit von Chauffeur:innen, die sie zu Beratungsterminen führen, hat einen Einfluss auf die Betreuungssituation und letztlich auch auf die Soziale Diagnostik. K wird weniger flexibel sein, hat während der Kontakte möglicherweise Zeitdruck, da jemand auf sie wartet, oder möchte den diagnostischen Prozess möglichst rasch abgeschlossen haben, damit kein zusätzlicher Mehraufwand entsteht. Die Benützung öffentlicher Verkehrsmittel oder gar eine eigene Fahrerlaubnis würden diesen Umstand massiv erleichtern.

Die Beziehung zu ihrem Partner und die darin erfahrene Bestätigung, Bestärkung und Liebe hat vermutlich einen positiven Einfluss auf die Arbeitsbeziehung, da K gestärkt und selbstsicherer in diese eintritt.

Während weder mit den früheren Freund:innen noch mit ihren fremduntergebrachten Kindern eine Fremdanamnese möglich und sinnvoll scheint, könnte der Einbezug der Erwachsenenvertretung und des Partners – auch im Hinblick auf eine mehrperspektivische Diagnostik – gewinnbringend sein und andere Wahrnehmungen zum Vorschein bringen.

**2. Wie könnte die „Beste aller Welten"-Matrix in diesem Fall hinsichtlich des Wunsches, die Erwachsenenvertretung zu beenden, gestaltet werden?** (→ Kap. 6.1)

Die 4-Felder-Matrix, die sowohl das Positive als auch das Schwierige von Vergangenheit und Zukunft darstellt, könnte sich hinsichtlich der Frage nach der Unterstützung und Begleitung durch die Erwachsenenvertretung folgendermaßen gestalten:

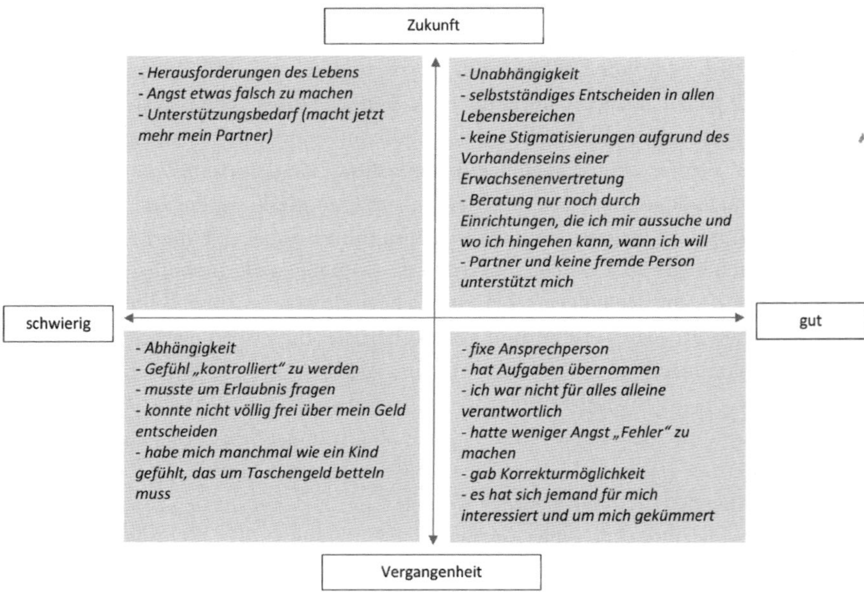


Abb. 25: Die beste aller Welten im Fall G, eigene Darstellung

Soziale Diagnosen entstehen, wie mehrfach erwähnt, immer partizipativ. Hier, ohne Beisein der Klientin und der dadurch möglichen Berücksichtigung ihrer Sichtweise, ist diese Abbildung mehr als eine Sammlung von potenziellen Einflussgrößen oder Hypothesen zu verstehen.

# Lösung Fall L: Pflegeheim

1. **Wählen Sie ein biografisch orientiertes Verfahren, das sich für L gut eignen könnte. Begründen Sie Ihre Entscheidung.** (→ Kap. 6.4)

Mit L biografisch zu arbeiten und auf dieser Ebene diagnostisch tätig zu werden ist vielversprechend. Auf den ersten Blick fallen vielleicht eher die Schwierigkeiten in seiner Vergangenheit sowie auch die problematischen Aspekte des gegenwärtigen Lebens auf. L hatte mehrere zentrale Lebensereignisse, die eine völlige Änderung des Alltags und der Lebensgestaltung zur Folge hatten. Die Lebensereignisse spielten sich auf unterschiedlichen Dimensionen ab. Der Einfluss des jeweiligen Lebensereignisses ist vermutlich auf mehreren Dimensionen sichtbar. L scheint sich kognitiv und von der Konzentrationsleistung her an einem umfassenden diagnostischen Verfahren beteiligen zu können. Die Erhebung zentraler Ereignisse in Form eines biografischen Zeitbalkens wäre möglich und erscheint passend. Der große Vorteil dabei ist, dass auch die Dauer des jeweiligen Ereignisses oder der Lebensphase eingetragen werden kann. Zusammenhänge werden somit gut sichtbar.

2. **Betrachten Sie nach der Durchführung des biografischen Verfahrens dieses nochmals unter einem ressourcenorientierten Blick. Welchen Mehrwert hat diese Betrachtungsweise?** (→ Kap. 6.5)

Es gibt nun mehrere Möglichkeiten, wie die Ressourcenfokussierung im oben beschriebenen Verfahren berücksichtigt werden kann. Anfangs ist mit dem Klienten umfassend zu klären, was unter Ressourcen verstanden wird. Nicht allen Klient:innen ist die Begrifflichkeit vertraut und sie haben keine alltäglichen Beispiele dafür. Genau solche Beispiele, die von uns zur Verfügung gestellt werden, erleichtern das Verständnis. Ressourcen sind all jene Fähigkeiten, Stärken, Freuden und Potenziale, die L mit Blick auf seine Biografie bzw. in diesem Fall eher das Abbild wichtiger Lebensereignisse seiner Biografie erkennen kann. Somit ist eine ganzheitliche Betrachtung der biografischen Ereignisse gewährleistet.

Die Darstellung der Ressourcen kann entweder andersfarbig auf demselben Datenblatt oder auf einem anderen Blatt erfolgen. Der Vorteil der gemeinsamen Darstellung ist die überblicksartige Sammlung, die sowohl positiv als auch negativ konnotierte Lebensereignisse sichtbar macht. Nachteilig könnte aufgrund der vielen Eintragungen sein, dass die Übersichtlichkeit darunter leidet. Auf einem separaten Datenblatt gesammelte Ressourcen können wesentlich übersichtlicher eingetragen werden. Zudem ist eine ausschließlich positive Darstellung möglicherweise auch motivierend und wirkt bestärkend. Nachteilig hierbei ist das Hantieren mit zwei (oder mehreren) Blättern, wobei einzelne Punkte übersehen oder der Zusammenhang schwerer erkannt werden könnte.

Hätte L Probleme seine Stärken und Ressourcen zu erkennen, ist ein darauf hinführendes Nachfragen ratsam: Welche Ressourcen hätten Sie sich zu dieser Zeit gewünscht? Was haben Sie damals an der Situation geschätzt? Welche Phasen Ihres Lebens sind Ihnen leichtgefallen und warum? Gibt es Personen, auf die Sie sich in dieser Zeit verlassen konnten? Welche Ressourcen von damals würden Sie sich heute wünschen? Und umgekehrt: Gibt es etwas, das Sie heute haben und früher schon gebraucht hätten?

Fragen wie diese zielen auf die positiven Bewältigungsstrategien und auf vorhandene Unterstützungsangebote ab. Durch deren Exploration wird L vor Augen geführt, dass sein Leben nicht nur von negativen Themen, wie der Alkoholabhängigkeit seiner Mutter, deren Gewaltbereitschaft, dem Tod seines Sohnes oder dem Kontaktabbruch zu seiner Tochter und seiner Ex-Partnerin, geprägt war, sondern auch leichtere, schönere und gar bereichernde Erlebnisse in der Biografie zu finden sind. Möglicherweise lassen sich aus dieser Auflistung der Stärken, Fähigkeiten und Potenziale aus der Vergangenheit auch welche herausfinden, die heute noch genutzt werden oder wieder aktiviert werden können.

# Lösung Fall M: Berufsberatungsstelle für Jugendliche

**1. Welche Aspekte müssten im Rahmen einer Risikodiagnostik bei diesem Fall berücksichtigt werden?** (→ Kap. 3 und 5.3.1)

Zur Beantwortung dieser Frage beziehen wir uns sowohl auf Heiner (2014, S. 26) als auch auf Pauls (2013, S. 211f.), da beide – in unterschiedlichen Ausführungen – auf die Risikodiagnostik eingehen.

Bei Heiner (2014, S. 26) steht die Abklärung vorhandener Gefahrenpotenziale im Vordergrund. Dabei ist eine begrenzte Anzahl an sehr spezifischen Fragen mit hohem Präzisierungsgrad vor einer klar umrissenen Fragestellung zu beantworten. Wenn es beispielsweise um eine drohende Delogierung geht, wäre die Erhebung von biografischen Daten oder eine umfassende Exploration des sozialen Umfelds kontraindiziert, da primär die Abwendung der akuten Gefahr, also der drohenden Delogierung, im Mittelpunkt steht. Auf M bezogen wäre die drohende Stromabschaltung aufgrund der hohen Energiekosten, die er nicht bezahlen kann, die eng umgrenzte Fragestellung, auf die genauer fokussiert und die im Anschluss bewertet wird.

Pauls (2013, S. 211f.) definiert Risikoeinschätzung etwas anders und bezieht sich vorrangig in der Erfassung der primären Ebene sozial-diagnostischer Abklärung darauf. Auf der primären Ebene wird auf drei Schlüsselfragen näher eingegangen: Bei der Frage nach dem subjektiven Leidensdruck stehen die Schilderungen und Wahrnehmungen der Klient:innen im Fokus. Die Frage nach den rechtlichen Rahmenbedingungen gibt Aufschluss darüber, unter welchen Gegebenheiten Klient:innen unsere Einrichtung aufsuchen. Und schließlich richtet sich die dritte Frage nach der akuten Selbst- und Fremdgefährdung einer Person. Während die dritte Frage explizit auf eine Risikoeinschätzung abzielt, nehmen aber auch die anderen beiden Fragestellungen eine Einschätzung des Risikos vor. Der Ausdruck und die nähere Beschreibung des subjektiven Leidensdrucks bieten Einblicke in das Erleben der Klient:innen und zeigen das empfundene Gefahrenpotential auf. Bei der zweiten Frage kann je nach rechtlicher Auflage, unter der Klient:innen den Kontakt zu uns suchen (müssen), auf das Gefährdungspotenzial rückgeschlossen werden. Bei all den beschriebenen Problemen wäre zu eruieren, worunter M im Moment besonders leidet. Es ist der Fallgeschichte nicht explizit zu entnehmen, ob eher die unklare Ausbildungssituation, die steigenden Energiekosten und die dadurch bedingte kalte Wohnung oder die Erinnerungen an die weniger schönen frühen Schul- oder WG-Zeiten M derzeit am meisten zu schaffen machen. Die Berufsberatungsstelle für Jugendliche ist ein freiwilliges Angebot, weshalb keine rechtlichen Auflagen zu erwarten sind. Auch eine akute Selbst- oder Fremdgefährdung ist der Fallgeschichte nicht zu entnehmen.

**2. Wenden Sie die Koordinaten psycho-sozialer Diagnostik und Intervention auf diesen Fall an.** (→ Kap. 6.1)

Die fertig erhobenen und ausgefüllten Koordinaten psycho-sozialer Diagnostik und Intervention könnten sich für M folgendermaßen gestalten:

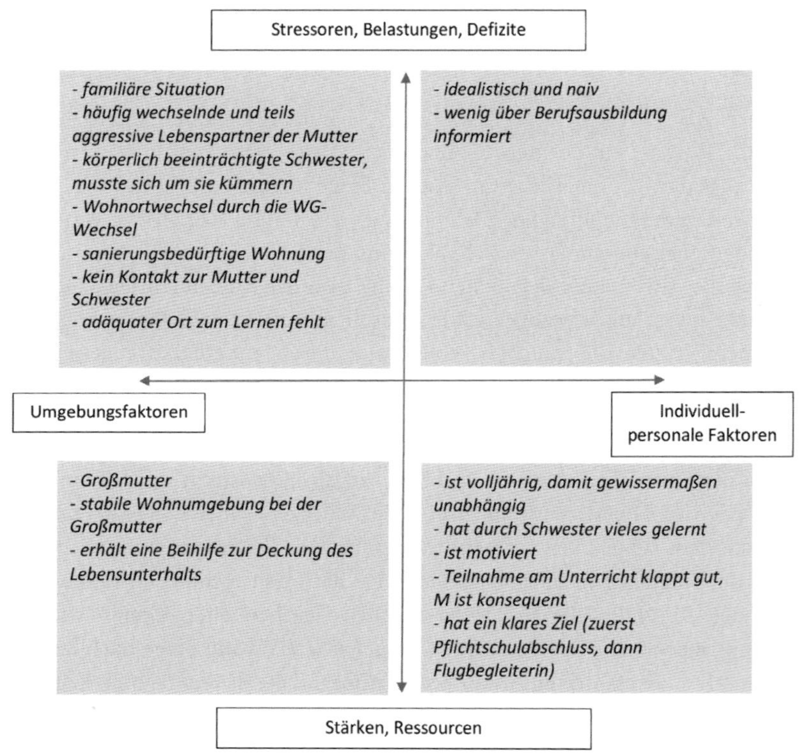


Abb. 26: Koordinaten psycho-sozialer Diagnostik und Intervention im Fall M, eigene Darstellung

# Lösung Fall N: Pflegeheim

**1. Wie „handlungsfähig“ schätzen Sie die Person nach dem Lebensbewältigungsansatz (Böhnisch, 2016) ein?** (→ Kap. 4.1)

Handlungsfähig sind nach dem Lebensbewältigungsansatz von Lothar Böhnisch diejenigen Personen, die sich sozial anerkannt und wirksam sowie in ihrem Selbstwert gestärkt fühlen (Böhnisch, 2016, S. 20). Nach der Schilderung im Fall N kann davon ausgegangen werden, dass N handlungsfähig im Sinne des Lebensbewältigungsansatzes ist. Es wird deutlich, dass N von den anderen Bewohner:innen sowie vom Personal des Pflegeheims anerkannt und für seine Art geschätzt wird. Zu seiner Familie besteht auch nach dem Umzug in das Pflegeheim ein guter Kontakt. Von einer sozialen Anerkennung kann ausgegangen werden. N definiert seinen Selbstwert unter anderem über seine berufliche Vergangenheit und nutzt diese Identifikation auch in aktuellen Situationen. Das Bemühen anderer Personen, ihn zu körperlicher Aktivität zu motivieren, lehnt er mit Bezug auf seine ehemalige berufliche Rolle ab. Es scheint für N keinen Konflikt zu geben, wenn er diesen Aktivierungsbemühungen nicht entspricht. Auch COPD und Adipositas stellen nach der Schilderung im Fall keine Einschränkung der Handlungsfähigkeit im Sinne des Lebensbewältigungsansatzes dar. Vor diesem Hintergrund ist ein gestärkter Selbstwert zu beschreiben. N ist sozial wirksam, denn er stellt proaktiv Kontakte zu anderen Personen in seinem sozialen Umfeld her, gestaltet diese selbstständig und setzt seine Bedürfnisse durch, wie z. B. das Bedürfnis, nicht körperlich aktiv zu sein.

**2. Wie ist die Weigerung von N, sich körperlich aktivieren zu lassen, aus sozialdiagnostischer Sicht zu verstehen?** (→ Kap. 2 und 5.3)

N hat aktuell keinen subjektiv empfundenen Leidensdruck wegen der als mangelhaft eingeschätzten körperlichen Aktivität. Das bedeutet, dass es hier eine Diskrepanz zwischen der Einschätzung von außen (N sollte körperlich aktiviert werden) und dem subjektiv geäußerten Bedürfnis (N möchte sich nicht mehr aktivieren lassen) gibt. Folgt man den Schlüsselfragen der primären Ebene sozial-diagnostischer Abklärung, dann muss zunächst der subjektiv geäußerte Leidensdruck des Klienten bzw. der Klientin erfragt werden. Ein Leidensdruck wird im Fallbeispiel bei N nicht deutlich, auch nicht im Hinblick auf seine Erkrankungen (COPD und Adipositas). Auf eine Selbst- oder Fremdgefährdung bzw. eine existenzielle Notlage, die ein Eingreifen der Fachkräfte trotz nicht geäußerten Leidensdrucks begründen würde, deutet in der Falldarstellung nichts hin. Für N gibt es außerdem keinerlei Auflagen oder von außen kommende Verpflichtung, eine körperliche Aktivierungsmaßnahme zu beginnen. Damit ergibt sich aus der primären Ebene sozial-diagnostischer Abklärung zunächst kein Beratungsauftrag für Fachkräfte, die N betreuen. Aus professioneller Sicht wäre eine körperliche Aktivierung für N dennoch als vorteilhaft einzuschätzen. Im Umgang mit der Diskrepanz zwischen subjektiv geäußertem Leidensdruck und fachlich eingeschätzter Relevanz sind die grundlegenden professionsbegründeten Prinzipien Sozialer Diagnostik bedeutsam. Eine Motivation zur Erzeugung einer Bereitschaft zur körperlichen Aktivierung kann demzufolge nur partizipativ mit N erarbeitet werden. Dabei ist dialogisch, beteiligungsfördernd und aushandlungsorientiert vorzugehen. Zu beachten ist in diesem Fall die Abwägung zwischen der Relevanz der körperlichen Aktivierung für das Wohlbefinden von N und einem von ihm als Eingriff erlebten Aufdrängen der körperlichen Aktivierung. Würde seitens der Fachkräfte unnötig auf einer körperlichen Aktivierung beharrt werden, könnte dies zu einem Leidensdruck bei N führen, was unter anderem den professionsbegründeten Prinzipien Sozialer Diagnostik widersprechen würde.

# Lösung Fall O: Erwachsenenpsychiatrie

**1. Welchen Nutzen hätte der Einsatz eines soziometrischen Verfahrens in diesem Fall?** (→ Kap. 6.3)

Im Fall O stehen soziale Beziehungen in engem Zusammenhang mit den geschilderten Problemen. Dabei scheinen einige Beziehungen eher problemauslösend (Primärfamilie) und andere problemerhaltend (Freundeskreis) zu sein. Der Einsatz soziometrischer Verfahren erlaubt die Analyse eines sozialen Netzwerks unter bestimmten Kriterien. Dabei werden nicht nur die im Netzwerk befindlichen Personen erfasst, sondern es können auch Beziehungen sowie Gruppenstrukturen analysiert werden. Für diesen Fall könnte die Analyse des sozialen Netzwerks von O Aufschluss über die Funktionalität sozialer Kontakte geben. O berichtet eher von dysfunktionalen Beziehungen: Im Freundeskreis kann sie sich Geld leihen, das sie für die Online-Spiele braucht. Dies ist nicht unbedingt als unterstützender Akt zu werten. Durch diese „Geldquelle" ist O bislang nicht gezwungen, ihr Verhalten als problematisch zu verstehen oder zu ändern. Im Gegenteil, ihre Schulden steigen und das Spielverhalten wird routinierter. O werde im Freundeskreis wegen ihrer „humorvollen Art und dauerhaft guten Laune" geschätzt. Vor dem Hintergrund der mehrfachen Suizidversuche und Os Abneigung, die stationäre Einrichtung wieder zu verlassen, wird eine Diskrepanz zwischen ihrem tatsächlichen Verhalten und der von ihr erlebten sozialen Anerkennung deutlich. O berichtet weiters, dass der vermehrte Alkoholkonsum mit einer gesteigerten Aufmerksamkeit im Freundeskreis einhergehe. Dieser Mechanismus ist ebenfalls als dysfunktional zu bewerten, sofern er eine Hauptquelle sozialer Anerkennung im Freundeskreis darstellen sollte. Zusammenfassend könnte gefragt werden: Stimmt der Eindruck von O, dass ihr Freundeskreis sie wegen ihrer „humorvollen Art und ihrer dauerhaft guten Laune" mag und wie gut kennen die Freund:innen O wirklich? Der Einsatz eines soziometrischen Verfahrens kann Beziehungsqualitäten und Gruppenstrukturen differenziert darstellen. Ein Kriterium, das an diesen Teil der Netzwerkanalyse angelegt werden könnte, wäre die Frage nach der Quelle sozialer Anerkennung. Die Beziehungen zur Primärfamilie werden von O als stark konflikthaft beschrieben. Mittels Netzwerkanalyse könnte verstanden werden, in welcher Weise sich der Konflikt zu einzelnen Familienmitgliedern zeigt. Dies würde eine Differenzierung der Beziehungsqualitäten zu einzelnen Familienmitgliedern erlauben. Letztlich könnte der Einsatz eines soziometrischen Verfahrens in diesem Fall dazu beitragen, funktionale und dysfunktionale soziale Kontakte im Netzwerk von O zu identifizieren und mögliche Quellen sozialer Unterstützung aufzudecken, sodass sich O ein Leben außerhalb der stationären Einrichtung perspektivisch wieder vorstellen kann.

**2. Welches soziometrische Verfahren würden Sie wählen und warum?** (→ Kap. 6.3.1)

Vor dem Hintergrund der geschilderten Problematik im Fall erscheint eine Netzwerkdarstellung geeignet, die vor allem Beziehungsqualitäten differenziert erfassen kann. Die Netzwerkgröße ist in diesem Fall weniger entscheidend, ebenso wenig die Zuordnung zu bestimmten definierten Rollen oder sozialräumlichen Feldern. Daher scheinen uns die Ecomap, die egozentrierte 4-Felder-Netzwerkkarte und die 8-Felder-Karte nicht so passend. Die wichtigsten Akteur:innen im Problemgeschehen des Falles sind bekannt: Konkret werden Mitglieder der Primärfamilie und der Freund von O benannt. Der Freundeskreis erscheint in der Fallschilderung eher noch als eine wenig greifbare Masse. Das anzuwendende Verfahren sollte die Stellung von O zu einzelnen Personen, aber auch die Beziehungen der Personen untereinander abbilden können. Wir schlagen daher die Anfertigung eines dezentralen sozialen Atoms vor. O würde sich in der Darstellung ihres sozialen Netzwerks zunächst selbst einen Platz zuweisen und anschließend bei jeder Person deren Stellung zu ihr selbst und zu anderen Personen im Netzwerk bestimmen. Beziehungsqualitäten können vermerkt und unter verschiedenen Kriterien (z. B. Quellen sozialer Anerkennung, erhaltende Ressourcen) analysiert werden. Es kann nach funktionalen, unterstützenden und dysfunktionalen Beziehungen differenziert werden. Das Bild des Freundeskreises als Masse kann mithilfe des sozialen Atoms aufgelöst und die Gruppe kann in ihren Einzelkontakten dargestellt werden. Das erleichtert die differenzierte Einschätzung der Beziehungsqualitäten und die Erarbeitung möglicher sozialer Ressourcen im Netzwerk von O. Ein weiterer Vorteil dieses Verfahrens ist die Vielfältigkeit der Darstellung. Das soziale Atom kann mit Stift auf Papier gezeichnet, aber auch mit Alltagsgegenständen spontan in einem Gesprächsverlauf dargestellt werden. Von einer Darstellung mit lebenden Personen würden wir absehen, da es in dieser Variante schwieriger ist, sich zu positionieren und abzugrenzen. Der Einsatz des sozialen Atoms sollte in der geschilderten Situation im Fall mit einer stabilisierenden Wirkung erfolgen, das bedeutet ressourcenorientiert und (er-)klärend, aber nicht konfrontativ.

# Lösung Fall P: Stationäre Suchteinrichtung

**1. Welche Problemaspekte können in einer multidimensionalen Betrachtung der Fallschilderung identifiziert werden?** (→ Kap. 2)

Dieser Fall offenbart eine vielschichtige Situation mit unterschiedlichen Problemaspekten. Solche Multiproblemlagen können durch eine multiperspektivische Betrachtung in Teilaspekte zerlegt und somit können Teilprobleme bestimmt werden. Damit ist es möglich zu bestimmen, welche Teilprobleme in welcher Reihenfolge zu bearbeiten sind. Die wechselseitige Bedingung unterschiedlicher Teilaspekte wird sichtbar und Bearbeitungsstrategien können bezogen auf Teilprobleme vereinbart werden. Wichtig ist zu ergänzen, dass sich die Bestimmung von Teilaspekten nicht nur auf erkennbare Defizite beschränken muss. Vielmehr sollten Teilaspekte auch unter einem ressourcenorientierten Fokus bestimmt werden, um eine umfassende Sicht auf eine Fallkonstellation zu erhalten.

Im Fall P können folgende *problematische* Teilaspekte erkannt werden:

- langjähriger multipler Substanzgebrauch
- wiederkehrende Rückfälle und unterschiedlich stabile Konsumpausen
- intensive Erfahrung in Bezug auf Hospitalisierung und Psychotherapie
- auffälliges, dysfunktionales soziales Interaktionsverhalten bei einer diagnostizierten Persönlichkeitsstörung
- dysfunktionale Verarbeitung von Konflikten, z. B. über Schuldgefühle
- fragliche soziale Unterstützung im Umfeld
- fraglicher Zugang zum Arbeitsmarkt und damit in Verbindung stehende schwierige Einkommenssituation
- negative Bewertung der eigenen Lebenssituation
- Perspektivlosigkeit und Zweifel an der Umsetzbarkeit eines eigenständigen, suchtmittelfreien Lebens

Der Fall P zeigt in der multidimensionalen Betrachtung folgende *mögliche Ressourcen:*

- P hat eine Familie. Sie war verheiratet und hat eine Enkelin. Sie scheint also trotz ihres sozialen Interaktionsverhaltens in der Lage zu sein, sich in Beziehungen zu halten. Über die Beziehungsqualität wird in der Fallschilderung zunächst wenig bekannt. Das sollte genauer eruiert werden, denn möglicherweise lässt sich hier soziale Unterstützung begründen, sofern die Beziehungsqualität es erlaubt.
- P nimmt immer wieder Behandlungen in Anspruch. Das heißt, sie ist grundsätzlich bereit, sich mit ihrer Situation auseinanderzusetzen. Nach Therapieabbrüchen ist sie erneut motiviert etwas an ihrer Situation zu verbessern. Dieser Umstand kann als Kehrseite der als eher problematisch eingeschätzten Therapieerfahrenheit gesehen werden.

- P scheint zu wissen, unter welchen Umständen sie nicht „stabil“ sein kann. Sie wünscht sich derzeit, dauerhaft in einer Einrichtung zu leben, um suchtmittelfrei zu bleiben. Ob der Wunsch realistisch ist, sei erst einmal dahingestellt. Hinter dieser Äußerung kann aber ein Problembewusstsein bei P für ihre Lebenslage vermutet werden. Außerdem wird eine Veränderungsmotivation deutlich. Auf diese Ressourcen kann in der Betreuung aufgebaut und Bezug genommen werden. Realistische Mittel und Wege hin zu einer stabilen und zufriedenstellenden Veränderung der Situation wären in der Fallarbeit zu thematisieren.

**2. Wie könnte in Ergänzung dazu eine mehrperspektivische Sicht auf den Fall erreicht werden?** (→ Kap. 2)

Eine mehrperspektivische Betrachtung eines Falles soll unterschiedliche Perspektiven auf die Fallkonstellation einbeziehen. Dazu können Fachkräfte anderer Disziplinen ihre Sichtweise darlegen, aber auch bspw. Angehörige oder Personen aus dem Umfeld. Im Fall P scheint vor allem die disziplinenübergreifende Betrachtung der Fallentwicklung wesentlich zu sein. Vor dem Hintergrund des geschilderten Interaktionsverhaltens ist zu vermuten, dass P unterschiedlichen Fachkräften jeweils verschiedene Facetten ihrer Problematik zeigt. Um diese unterschiedlichen Eindrücke und Informationen zu einem Gesamtbild der Problematik zusammenzufügen, müssen sich alle mit dem Fall befassten Fachkräfte austauschen und idealerweise eine gemeinsame Behandlungsstrategie entwickeln und umsetzen. Das kann bspw. über interdisziplinäre Fallbesprechungen erreicht werden.

Außerdem können in einer mehrperspektivischen Betrachtung unterschiedliche zeitliche Bezüge hergestellt werden. Dazu gehört, dass eine aktuelle Problematik historisch/biografisch verstanden wird. Im Fall P könnte eine biografiebezogene Soziale Diagnostik Aufschlüsse über den Suchtverlauf geben. Es könnte gefragt werden, wann bestimmte Probleme erstmals für wie lange auftraten und wie mit ihnen umgegangen wurde. So können Copingstrategien bzw. Copingversuche ermittelt und für die aktuelle Behandlung genutzt werden.

# Lösung Fall Q: Wohngemeinschaft für fremduntergebrachte Kinder

1. **Stellen Sie die vier grundlegenden Prinzipien des diagnostischen Fallverstehens für diesen Fall dar.** (→ Kap. 2)

   a) **Partizipative Orientierung:** Die Erfassung der aktuellen Lebenssituation von Q muss dieser Orientierung folgend dialogisch geschehen. Das bedeutet, dass Fachkräfte gemeinsam mit Q zu einer Bewertung seiner derzeitigen Situation kommen. Den Schlüsselfragen der primären Ebene sozial-diagnostischer Abklärung folgend, sollte versucht werden, den Leidensdruck zu fassen, etwaige Gefahrenpotenziale (Andeutungen von Gewalterfahrungen) offenzulegen und die rechtlichen Rahmenbedingungen der aktuellen Maßnahme für Q in einer altersadäquaten Weise nachvollziehbar werden zu lassen. Die partizipative Bewertung der Situation erfordert, dass Gespräche mit Q aushandlungsorientiert sind. Die Sichtweise von Q ist zu erfragen und zu berücksichtigen. Zur partizipativen Orientierung gehört auch eine beteiligungsfördernde Weise der Bewertung der Situation. Es soll nicht fremdurteilend über Q und dessen Lebenslage entschieden werden, sondern Q soll aktiv in die Bewertung einbezogen sein.

   b) **Sozialökologische Orientierung:** Dieses Prinzip umfasst eine interaktionsbezogene, eine umfeldbezogene und eine infrastrukturbezogene Bewertung der Fallkonstellation. Wird der Fall Q interaktionsbezogen analysiert, werden die Idealisierungstendenzen von Q deutlich. Q idealisiert seine Mutter und stellt seine Situation nach den Wochenendbesuchen daheim idealisiert und einen heilen Anschein wahrend dar. Im Interaktionsverhalten sind das hohe Kontrollbedürfnis von Q sowie seine schreckhaften Züge auffällig. Hier sei daran erinnert, dass alle vier Prinzipien in der Sozialen Diagnostik berücksichtigt werden sollen. Das bedeutet, dass die Erhebung und Bewertung des Interaktionsverhaltens ebenfalls mit Q durchgeführt und mit ihm besprochen werden muss. Vor dem Hintergrund des Alters von Q sind geeignete Verfahren und eine angemessene, vermittelnde Sprache zu wählen, die Fremdzuschreibungen möglichst unterlässt. Q könnte bspw. aufgefordert werden zu erklären, warum er seine Mutter so sehr mag, warum er sein Zuhause als so schön wahrnimmt und warum es ihm so wichtig ist, keine Termine zu verpassen. Ein dialogischer Austausch ermöglicht eventuell die Entwicklung differenzierterer Ansichten, damit für Q unterschiedliche Facetten einer Person annehmbar werden (z. B. „Mama ist nett, aber nicht immer“ oder: „Ich habe meine Mama lieb, dennoch tut sie mir manchmal weh“). Eine umfeldbezogene Fallanalyse muss die Beziehungen zu beiden Elternteilen, anderen Verwandten und Bezugspersonen einschließen. In Bezug auf die Frage nach der Infrastruktur wäre in dieser Falldarstellung bedeutsam, wie sich der Wechsel der Wohnorte (Wohngemeinschaft und die Wohnungen von Vater und Mutter) auf Q und seine Alltagsbewältigung auswirkt.

c) **Multi- und mehrperspektivische Orientierung:** In der multiperspektivischen Betrachtung sind sämtliche Teilaspekte der Fallkonstellation festzuhalten: Die Idealisierung der Mutter und der häuslichen Situation, die ablehnende Umdeutung der Wohngemeinschaft in ein „Internat", der latente Verdacht häuslicher Gewalt und das ablehnende Verhalten der Mutter gegenüber der Wohngemeinschaft wären vordergründig als problematisch zu bestimmen. Ressourcenorientierte Aspekte sind im Bestreben von Q zu sehen, seine Termine selbstständig zu organisieren, sich selbst zu pflegen und in der Freude am Fußballspielen. Wissend, dass das ausgeprägte Kontrollbedürfnis und der hohe Grad an Selbstständigkeit problematische Seiten haben, sind die Grundeigenschaften von Selbstständigkeit, Selbstfürsorge und Freude an einem Mannschaftssport dennoch als potenzielle Ressourcen zu werten. Die mehrperspektivische Betrachtung sollte die Bewertung der Situation durch die Fachkräfte der Wohngemeinschaft beinhalten. Außerdem scheint es wichtig, Qs Eltern zu ermöglichen, ihre Perspektive auf die Situation darzustellen. Zum Schutz von Q sollte dies über die Vermittlung von Fachkräften geschehen. In der mehrperspektivischen Sicht auf die aktuelle Situation kann einerseits ein Verständnis der Problemlage erzeugt und andererseits können Lösungsmöglichkeiten erdacht werden. Beides folgt einem konstruktivistischen Zugang. Mit Q, aber auch mit seinen Eltern könnte biografisch/historisch rekonstruiert werden, über welche Phasen sich die aktuelle Situation entwickelt hat, welche Bewältigungsversuche es gab und wie erfolgreich diese jeweils waren. Es kann davon ausgegangen werden, dass nicht nur Q Klient einer Einrichtung ist, sondern dass sich auch seine Eltern in unterstützenden Maßnahmen befinden. Die Entwicklungen der einzelnen Personen im Fall (Q, sein Vater und seine Mutter, aber auch andere relevante Bezugspersonen) sind in Fallkonferenzen zusammenzuführen und vor dem Hintergrund formulierter Ziele zu reflektieren. Auch das ist ein Teil der mehrperspektivischen Betrachtung des Falles.

d) **Reflexive Orientierung:** Die Bewertung einer fallbezogenen Problem- oder Fragestellung soll rekursiv geschehen. Bereits getroffene Bewertungen werden in eine Soziale Diagnose einbezogen und überprüft. Soziale Diagnostik soll immer falsifikatorisch ausgerichtet sein. Aus diesen beiden Merkmalen ergibt sich der hypothesenhafte Charakter Sozialer Diagnosen. Das bedeutet, eine Annahme wird getroffen, in erneute Überprüfungen mit einbezogen und bleibt so lange bestehen, bis sie durch andere Annahmen entkräftet wird. Dieser Prozess geschieht fortwährend im gesamten Fallverlauf. Für den Fall Q heißt das bspw., dass die häusliche Situation es aktuell zulässt, Q am Wochenende aus der Wohngemeinschaft nach Hause zu entlassen. Die Situation muss fortlaufend geprüft und bewertet werden, um ggf. Änderungen an dieser Regelung vorzunehmen. Dies wäre z. B. nötig, wenn Q am Wochenende zu Hause Bedingungen ausgesetzt wäre, die ihn gefährden. Die fortlaufenden Bewertungen in einem Fallverlauf sollen informationsanalytisch begründet sein. Das heißt, Informationen sollen zu einer bestimmten Frage- oder Problemstellung gezielt erhoben und im Hinblick auf ebendiese Frage- oder Problemstellung bewertet werden. Es sollen keine willkürlichen Daten erhoben und frei interpretiert werden. Neben der informationsbezogenen Analyse sollen beziehungsanalytische Bewertungen berücksichtigt werden. Für den Fall Q heißt das, dass bspw. die Aussagen von Q über die Wohngemeinschaft vor dem Hintergrund seiner Beziehung zu seiner Mutter und deren Einstellung zur Wohngemeinschaft verstanden und reflektiert werden müssen. Die Mutter betrachtet die Wohngemeinschaft als „Feind“ und lehnt sie ab. Q zeigt sich loyal und idealisierend seiner Mutter gegenüber und bewertet die Wohngemeinschaft eher als „Internat“ und nicht als einen stabilen, dauerhaften Lebensort für sich. Könnte sich Q aus der symbiotischen Beziehung zu seiner Mutter lösen oder würde die Mutter die Wohngemeinschaft anders bewerten, würde Q seine Bewertung vermutlich ebenfalls ändern.

# Lösung Fall R: Familienberatung

**1. Wenden Sie die Trauma- und Ressourcenlandkarte für R an.** (→ Kap. 6.5)

Für die Anwendung des Verfahrens in diesem Fallbeispiel werden zunächst die Informationen aufgenommen, die in der Falldarstellung enthalten sind. Sie sind nicht sehr zahlreich, aber die Trauma- und Ressourcenlandkarte ist ein Verfahren, das über einen gesamten Beratungs- oder Behandlungsverlauf weitergeführt und ergänzt werden kann. Insofern begreifen wir die Anfertigung hier als den Beginn der Landkarte. Zunächst wird mit R eine u-förmige Linie auf ein Blatt Papier gezeichnet. Der linke obere Rand markiert die Geburt, der rechte obere den aktuellen Tag. R wird gebeten, Ressourcen in den als U dargestellten Lebensverlauf einzutragen. Es kann hilfreich sein, R Synonyme für den Begriff „Ressourcen" anzubieten, um das Identifizieren von Stärken und Fähigkeiten zu erleichtern. So kann bspw. gefragt werden, was sie gut konnte/kann, was ihr Kraft gibt/gab oder wobei sie Freude empfindet/empfand. Auch Vorschläge oder das Einbringen von Beispielen, die die Fachkraft schon erfahren hat, sind denkbar. Die Falldarstellung gibt Auskunft darüber, dass R eine Trafik betrieben und ihr dies Freude bereitet hat. Im Gespräch könnte noch detaillierter erarbeitet werden, worin genau die Freude an dieser Beschäftigung bestand: War es der Umgang mit der Kundschaft? Die Selbstwertstärkung, als eigenständige Geschäftsfrau zu gelten? Oder etwas anderes? Die Zeit als Trafikantin wird mit eventuell detailliert erhobenen Zusatzinformationen in das Ressourcen-U eingetragen. Möglicherweise wird R im Zuge der Erzählung über ihre berufliche Vergangenheit als Trafikantin auch auf das Ende dieser Tätigkeit zu sprechen kommen und die Belastung durch die mit der Geschäftsaufgabe in Zusammenhang stehenden Schulden benennen. Hier wird ein zweites Blatt Papier zur Hand genommen und ein weiteres U aufgezeichnet. In dieses zweite U auf dem anderen Blatt werden die unangenehmen Aspekte eingetragen, die mit der Ressource in Verbindung stehen. Auf Blatt 1 (Abb. 27) sehen wir nun die Ressource der Zeit als Trafikantin, auf Blatt 2 (Abb. 28) die unangenehm erinnerten Aspekte im Zusammenhang mit der Trafik.

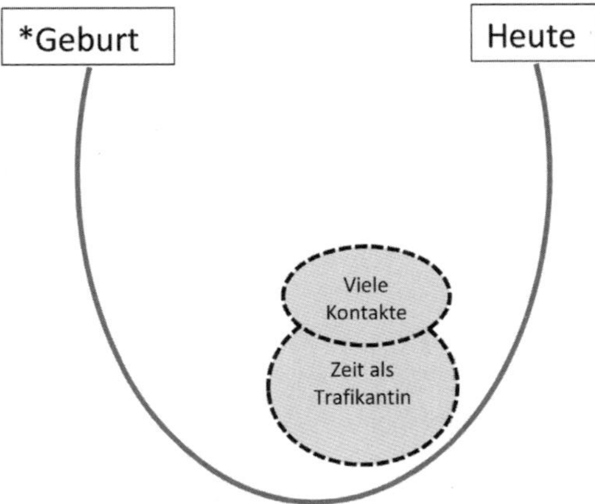


Abb. 27: Ressourcen-U

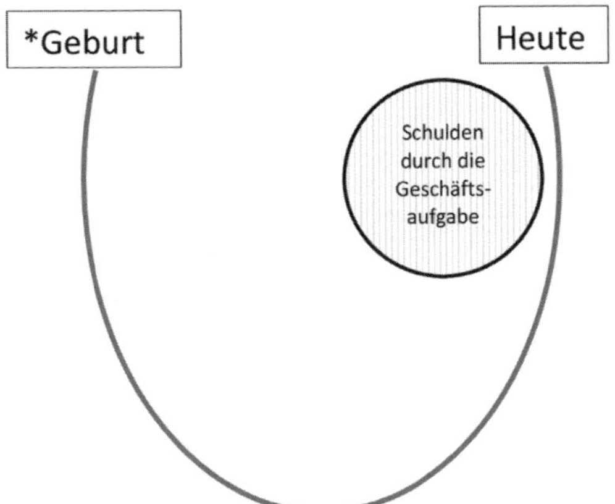


Abb. 28: Unangenehm erinnerte Aspekte im Zusammenhang mit der Ressource

Zweck der getrennten Erfassung ist es, R ein differenziertes Bild von ihren Fähigkeiten und Stärken zu ermöglichen. Oftmals überlagern negativ empfundene Ereignisse die Wahrnehmung von Ressourcen. Durch eine diffuse Überlagerung können Stärken und Fähigkeiten nicht klar identifiziert und damit auch nur erschwert reaktiviert werden. Mit der getrennten Erfassung kann bildlich gesprochen auf zwei Seiten einer Medaille auf Vor- und Nachteile geblickt werden. Damit werden die Stärken von R deutlich sichtbar und die erlebten negativen Aspekte bleiben dennoch für die Fallarbeit erhalten.

In einem nächsten Schritt wird in einem Koordinatensystem der Grad der Belastung durch Traumata erfasst. Die x-Achse stellt den Lebensverlauf dar, die y-Achse die Höhe der empfundenen Belastung von 0 (keine Belastung) bis 10 (extrem hohe Belastung). R wird gebeten, die Zeit bis zur Trennung aus der Partnerschaft, die Phase des Sich-beobachtet-Fühlens, den Überfall und die Zeit bis heute einzuschätzen und einzuzeichnen. Um eine Trauma- und Ressourcenlandkarte anzufertigen, werden die Informationen aus dem Ressourcen-U (siehe Abb. 27) im Koordinatensystem der Traumafelder ergänzt. Zu sehen ist nun die kombinierte Trauma- und Ressourcenlandkarte für R zum aktuellen Zeitpunkt des Gesprächs (Abb. 29).

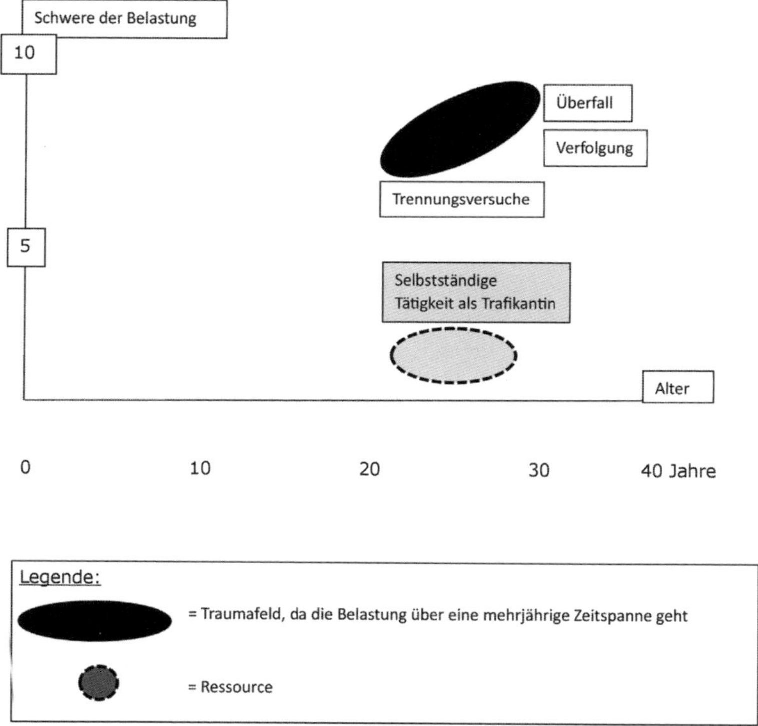


Abb. 29: Trauma- und Ressourcenlandkarte

Das Ressourcen-U (Abb. 27), die unangenehm erinnerten Aspekte im Zusammenhang mit den Ressourcen (Abb. 28) und die kombinierte Trauma- und Ressourcenlandkarte (Abb. 29) sollen für den weiteren Beratungs- oder Behandlungsverlauf aufgehoben und laufend ergänzt werden. Mit R wäre zu besprechen, wer die Zeichnungen zunächst verwahrt.

2. **Worauf würden Sie als Sozialarbeiter:in in diesem Fall bei der Zielformulierung grundlegend achten?** (→ Kap. 5.1.3)

- Auf eine präzise und positiv formulierte Zielsetzung ist zu achten.
- Die SMART-Kriterien können als Formulierungshilfe dienen.
- R sollte aktiv an der Formulierung des Ziels oder mehrerer Ziele mitwirken. Vorteilhaft ist, wenn R ein Ziel oder auch mehrere Ziele in ihrer Sprache formuliert.
- Wenn mehrere Ziele formuliert werden, sollte R festlegen, welches Ziel am wichtigsten und welche weniger wichtig sind. Die Reihenfolge der zu bearbeitenden Ziele sollte explizit besprochen werden.
- Mit R sollten Indikatoren erarbeitet werden, woran sich eine Entwicklung in Richtung der Erreichung des Ziels für R feststellen lässt.
- Mit R sollte thematisiert werden, welche Schritt nach der Erreichung eines Ziels folgen sollen.

# Lösung Fall S: Sozialberatung

**1. Welcher Standardisierungsgrad der Diagnostik sollte in diesem Fall angestrebt werden?** (→ Kap. 3)

In Anbetracht der unübersichtlichen Lage, der Involviertheit von drei Personen (S, sein Bruder und sein Sohn) sowie des sich verändernden Interaktionsverhaltens von S wäre eine Orientierungsdiagnostik anzustreben. Informationen, die Aufschluss über die aktuelle Situation geben, sind dabei in einem größeren Umfang bei zunächst geringerer Präzisierung zu erheben. Ziel der Orientierungsdiagnostik ist neben der Erarbeitung eines Überblicks die Bestimmung von Problemfeldern und das Festhalten offener problembezogener Fragen.

Im Fall S können Informationen in drei verschiedenen Problemfeldern erfasst werden:

**Problemfeld 1:** Dazu gehören die Abläufe in der Alltagsbewältigung von S und wie sie bisher geregelt waren. Es müssen die wesentlichen Veränderungen bei S erfasst und bewertet werden: S zeigt Anzeichen eines sozialen Rückzugs (Telefon wird seltener abgehoben, Gespräche mit Nachbarn finden weniger oft statt, Spaziergänge sind reduziert) und hat Schwierigkeiten in der Handhabung alltäglicher Gegenstände (Probleme beim Bedienen des Fernsehers). S wird aktuell nicht mehr von seinem Bruder A unterstützt. Stattdessen kümmert sich sein Sohn Z um ihn. Die Fallschilderung zeigt nicht, ob S bekannt ist, mit welchen gesundheitlichen Schwierigkeiten der Bruder aktuell belastet ist. Es wird auch nicht deutlich, ob sich S Sorgen um den Bruder macht. Das wäre zu erfragen.

**Problemfeld 2:** Hier sind Informationen festzuhalten und zu bewerten, die den Bruder von S betreffen. Der Bruder spielte bislang eine wesentliche Rolle in der Versorgung von S, denn er hatte regelmäßig Kontakt und erledigte Besorgungen, wie größere Einkäufe. Welche Rolle der Bruder im Hinblick auf eine emotionale Unterstützung für S spielt, geht aus der Fallschilderung nicht hervor, sollte jedoch eruiert werden. Es ist aktuell unklar, wie sich die Situation des Bruders entwickeln wird. Dadurch ist auch nicht bekannt, wie der Kontakt der beiden Brüder zukünftig gestaltet werden kann. Die Frage wäre ebenfalls festzuhalten und perspektivisch zu bearbeiten.

**Problemfeld 3:** Diese Informationsebene betrifft den Sohn Z, der sich aktuell um die beiden Brüder kümmert. Zunächst sollte geklärt werden, in welchem Ausmaß Z die Betreuung auch zukünftig aufrechterhalten kann und möchte. Fraglich ist, wie hoch Z durch die derzeitige Situation emotional, aber auch zeitlich belastet ist. Im Zuge dieser Klärung wird deutlich werden, welche Unterstützung Z möglicherweise braucht, welche Tätigkeiten perspektivisch weiter von ihm oder von anderen Dienstleister:innen übernommen werden können und wie dies schrittweise organisiert werden kann.

An die Orientierungsdiagnostik kann sich in diesem Fall eine Zuweisungsdiagnostik anschließen, wenn davon ausgegangen wird, dass sich der Sohn Z nicht dauerhaft um beide Brüder kümmern kann. Hier müssten geeignete Unterstützungsstellen erkannt und eine Kontaktanbahnung muss vorbereitet werden. Eine Gestaltungsdiagnostik mit einer begrenzten Anzahl betrachteter Fallaspekte, die präzisiert erfasst werden, wird in einem nächsten Schritt als notwendig erachtet. Konkret scheint es geboten, Betreuungsaufwände zu definieren und zu erarbeiten, wer diese in welchem Ausmaß umsetzt.

**2. Warum scheint hier eine multidimensionale Betrachtung besonders wichtig?**
(→ Kap. 2)

Die Fallschilderung offenbart eine Gesamtsituation, die durch zahlreiche unterschiedliche Ereignisse und Veränderungen gekennzeichnet ist, die sich außerdem wechselseitig beeinflussen. Eine multidimensionale Betrachtung erlaubt es, die verschiedenen Aspekte, die die Gesamtsituation bedingen, einzeln zu erfassen. Anschließend können Teilprobleme bestimmt und Bearbeitungsstrategien festgelegt werden. Dazu gehört auch die Priorisierung, welche Teilprobleme vordergründig bearbeitet werden sollten.

# Lösung Fall T: Frauenberatung

**Gehen Sie davon aus, dass T Ihnen in einem ersten Gespräch in der Frauenberatung ihre Situation wie oben dargestellt erzählt. Eine professionelle Arbeitsbeziehung beginnt bereits mit dem ersten Kontakt. Beschreiben Sie Ihren ersten Eindruck von diesem Fall und berücksichtigen Sie Merkmale einer professionellen Arbeitsbeziehung.** (→ Kap. 5.2)

Die Besonderheit in der Beziehungsgestaltung zu Fachkräften als Repräsentant:innen einer Institution zeigt sich durch:

- Zweckrationalität
- asymmetrisches Machtverhältnis
- Begrenzungen hinsichtlich der Dauer, der Frequenz, der Freiwilligkeit der Inanspruchnahme, intentionale und ökonomische Begrenzung

Zunächst kann im Fall T festgehalten werden, dass T eine langjährige Leidensgeschichte hat, aus der ein hoher Unterstützungsbedarf resultiert. Wie aus der Schilderung hervorgeht, erhält sie finanzielle, informationelle, soziale, psychologische und medizinische Unterstützung. Ihre Situation schien in der letzten Zeit bis zur Aufforderung, als Zeugin auszusagen, stabil. Der aktuelle Anlass, sich an die Frauenberatungsstelle zu wenden, ist die angefragte Zeugenaussage. Der Umfang der in den letzten Jahren implementierten Maßnahmen, die zur Stabilität von Ts Situation beigetragen haben, gibt einen Hinweis auf das Ausmaß und die Schwere der darunterliegenden Problematik. Es entsteht der Eindruck, dass es sehr wichtig ist, diese Stabilität auch über die aktuelle Herausforderung hin zu erhalten. Ts Schilderung wirkt skizzenhaft, es fehlen einige Informationen. So ist bspw. nicht klar, ob T mit der Mutter allein (ohne den Stiefvater) zum Großvater gezogen ist, ob der Stiefvater noch lebt, ob Kontakt zu ihm besteht und was mit Ts Tochter nach der Geburt passiert ist. T wird gute Gründe haben, diese Informationen nicht im ersten Kontakt spontan von sich aus preiszugeben. Bevor hier gezielt durch die Fachkraft nachgefragt wird, ist zu entscheiden, ob diese Informationen für die weitere Beratung relevant sind. Es fällt auf, dass T kein konkretes Beratungsanliegen formuliert. Sie schildert lediglich ihre aktuelle Situation und benennt den Anlass, die Beratungsstelle aufzusuchen. Gemäß dem Prinzip der Zweckrationalität wäre zunächst zu klären, worin der Auftrag von T an die Fachkräfte der Beratungsstelle besteht. Die Auftragsklärung passiert im Rahmen der sozial-diagnostischen Abklärung und ist entscheidend dafür, welche Interventionen geplant werden. Über die Dauer und Frequenz der Beratung kann erst nach erfolgter Auftragsklärung entschieden werden. Die Vereinbarung über einen Beratungsauftrag ist durch den ökonomischen und intentionalen Rahmen der Frauenberatungsstelle begrenzt. Es kann von einer freiwilligen Inanspruchnahme der Beratung ausgegangen werden. T wird die sozialarbeiterische Fachkraft der Frauenberatungsstelle als Repräsentantin dieser Einrichtung verstehen. Das heißt, bei T ist die Begegnung mit Vorstellungen und Erfahrungen sowie mit Erwartungen an solche Beratungsstellen verknüpft. Aus der Schilderung der Situation geht hervor, dass T viele Erfahrungen mit professioneller Beratung, Betreuung und Behandlung hat, insofern könnte davon ausgegangen werden, dass T eine realistische Vorstellung von den Abläufen und Aufgaben einer Frauenberatungsstelle hat. Es ist außerdem zu vermuten, dass T in der Rolle der Klientin erfahren ist und dass ihr die asymmetrische Arbeitsbeziehung zwischen ihr und der beratenden Fachkraft nicht neu ist.

# Lösung Fall U: Schuldner:innenberatung

**1. Wenden Sie das ressourcen- und beeinträchtigungsbezogene Erfassungsschema der ICF-Komponenten für den Fall U an.** (→ Kap. 6.2)

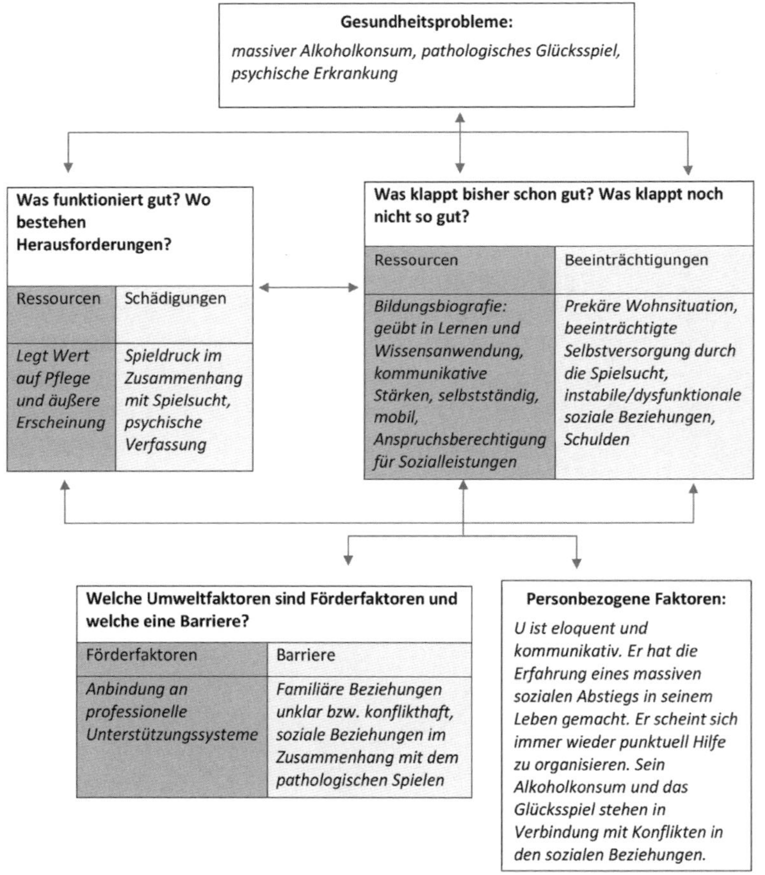


Abb. 30: Ressourcen- und beeinträchtigungsbezogenes Erfassungsschema der ICF-Komponenten für den Fall U

**2. Welchen Nutzen hat die Anwendung des Schemas in diesem Fall?** (→ Kap. 6.2)

U sucht eine Schuldner:innenberatung auf. Um seine Schuldenproblematik zu regulieren, werden aber andere Unterstützungsstellen einzubinden sein. Augenscheinlich sind zunächst Einrichtungen der Suchthilfe mit medizinischer, psychologischer und sozialer Beratung und Behandlung und Einrichtungen der Wohnungslosenhilfe notwendig.

Mithilfe des Schemas können die sich wechselseitig bedingenden Beeinträchtigungen und Ressourcen der körperbezogenen, psychischen und sozialen Gesundheit abgebildet werden. Das ICF-Schema kann interdisziplinär und handlungsfeldübergreifend eingesetzt werden, was im vorliegenden Fall wesentlich scheint. Die im Erfassungsschema der ICF zusammengestellten Informationen könnten in einem nächsten Schritt nach der ICF-Klassifikation codiert werden. Dies könnte eine interdisziplinär ausgerichtete Interventionsplanung unterstützen.

# Lösung Fall V: Sozialberatung

**Betrachten Sie den Fall entlang der primären und sekundären Ebene sozial-diagnostischer Abklärung. Beschränken Sie sich für die sekundäre Ebene auf eine aus Ihrer Sicht passende Methode.** (→ Kap. 5.3)

**Schlüsselfragen der primären Ebene und fallbezogene Antworten:**

- *Frage nach dem Leidensdruck:*

Nach der Fallschilderung wird deutlich, dass die finanzielle Lage von V sehr angespannt ist und das V offensichtlich auch belastet. V erhofft sich finanzielle Unterstützung durch die Sozialberatungsstelle.

- *Frage nach den rechtlichen Bedingungen der Kontaktaufnahme:*

Es gibt keine erkennbaren rechtlichen oder behördlichen Auflagen oder Verpflichtungen für die Inanspruchnahme der Beratung. Vielmehr kann von einem freiwilligen und selbst motivierten Aufsuchen der Beratungsstelle ausgegangen werden.

- *Frage nach Selbst- und/oder Fremdgefährdung sowie existenziellen Notlagen:*

In der Fallschilderung gibt es keine erkennbaren Anzeichen einer Selbstgefährdung von V. Die Bedrohungslage durch den Ehemann ist weiterhin als verschärft zu betrachten. Hier wäre zum einen zu eruieren, ob die Verurteilungen bislang dazu geführt haben, dass der Ehemann sich von V zurückzieht. Zum anderen müssen Sicherheitsmaßnahmen für V und ihre Töchter in der Beratung thematisiert, geplant und umgesetzt werden. Da die Scheidung noch verhandelt wird, ist zu vermuten, dass die Anspannung weiterhin hoch bleiben wird. V ist derzeit Alleinverdienerin und Alleinerzieherin, wodurch die Gefahr besteht, dass sich bei einem Verlust bzw. einer Reduktion ihres Einkommens die soziale Lage bedrohlich verschlechtern könnte. Durch das noch schwebende Scheidungsverfahren dürften Alimentationszahlungen noch nicht festgelegt sein. Vielmehr ist die Arbeitsstelle von V durch das aggressive Auftreten des Ehemanns gefährdet.

Sofort zu ergreifende Maßnahmen, die sich aus der Abklärung der primären Ebene ergeben:

a) V und ihren Töchtern Sicherheit bieten
b) Schutz vor weiteren Übergriffen des Ehemanns
c) Unterstützungen zum Erhalt des derzeitigen Lebensstandards

**Multidimensionale Abklärung der sekundären Ebene:**
Um zu einem Interventionsplan zu kommen, der für diesen Fall mittel- bis langfristige Ziele verfolgt, können verschiedene sozial-diagnostische Verfahren eingesetzt werden. V hat für sich und ihre Töchter bereits große Veränderungen zur Verbesserung der Situation umgesetzt. Es ist nachvollziehbar, dass dies einen großen Energieaufwand bedeutet hat. Auch der Erhalt des derzeitigen Status lastet aktuell vor allem auf V. Insofern scheinen Verfahren der sozial-diagnostischen Abklärung geboten, die zur Erkennung und Aktivierung von Ressourcen geeignet sind. Wer könnte V zukünftig wie unterstützen? Entlang der sechs Ressourcenperspektiven (Flückiger & Wüsten, 2015, S. 20) könnte aus unserer Sicht eine 8-Felder-Karte mit V erarbeitet werden, um gemeinsam mit ihr zu klären, wie und durch wen soziale Unterstützung für sie und ihre Töchter zukünftig gestaltet sein könnte. Denkbar sind in der geschilderten Situation auch andere Verfahren, die den Fokus auf Ressourcen und Gestaltung der sozialen Unterstützung legen.

# Lösung Fall W: Sozialpsychiatrisches Ambulatorium

**Wie könnte eine Gestaltungsdiagnostik in diesem Fall mit dem Verfahren der Koordinaten psychosozialer Diagnostik und Intervention umgesetzt werden?**
(→ Kap. 3 und 6.1)

Zweck der Gestaltungsdiagnostik ist es, eine konkrete Abfolge und die Ausgestaltung von Interventionen in einem Fallverlauf zu planen. Dafür gibt es zwei mögliche Betrachtungsperspektiven:

- **Perspektive 1:** Eine hohe Anzahl an fallrelevanten Aspekten wird mit einer geringeren Präzision erfasst. Mithilfe dieser Einschätzung kann ein Überblick über die Gesamtsituation geschaffen werden. So werden unterschiedliche Bereiche sichtbar, in denen interveniert werden soll.
- **Perspektive 2:** Eine geringe Anzahl von fallrelevanten Aspekten wird mit einer hohen Präzision, d. h. im Detail erfasst. Interventionen fokussieren dann auf diesen präzise erarbeiteten Bereich.

Welche Betrachtungsperspektive und somit auch welche Interventionsstrategie für einen Fall angemessen sein kann, kann mithilfe des Verfahrens der Koordinaten psychosozialer Diagnostik und Intervention gemeinsam erarbeitet werden. Das heißt, zunächst wird mit W eine solche Matrix erstellt:

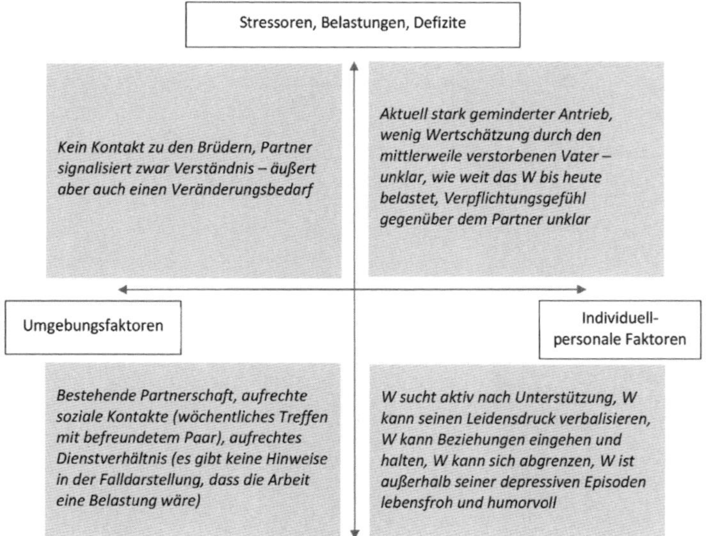


Abb. 31: Koordinaten psychosozialer Diagnostik und Intervention für Fall W

Anhand der Matrix können mit W in einem partizipativen Prozess Ziele abgeleitet und formuliert werden. Auf den ersten Blick scheint es eher im Bereich der individuell-personalen Faktoren Problemfelder zu geben, wo W einen Leidensdruck signalisiert. Das würde für eine Betrachtungsperspektive sprechen, bei der eine geringe Anzahl von fallrelevanten Aspekten mit einem detaillierten Betrachtungsgrad erfasst wird. Vorstellbar wäre hier z. B. der Bereich der Antriebslosigkeit, der dann zum Gegenstand unterschiedlicher Interventionen werden kann. In der Gestaltungsdiagnostik kann die Abfolge von Interventionen geplant werden. Möglich wäre hier eine psychotherapeutische Unterstützung zu organisieren sowie bis zum Beginn einer solchen Maßnahme aktivierungsfördernde Unterstützung anzubieten. Aus klinisch-sozialarbeiterischer Sicht kämen hier sozio-edukative und tagesstrukturierende Maßnahmen in Betracht.

# Lösung Fall X: Frauenhaus

1. **Wie ist die Lage der Bedürfnisbefriedigung nach dem Systemtheoretischen Paradigma (Staub-Bernasconi, 2007) für X einzuschätzen?** (→ Kap. 4.2)

Nach der Bedürfnistheorie von Staub-Bernasconi (2007, S. 170ff.) sind Menschen grundsätzlich in der Lage, über sich selbst zu reflektieren und festzustellen, wie zufrieden sie mit ihrem inneren Zustand sind. Ein befriedigender innerer Zustand, der in diesem Zusammenhang auch als Wohlbefinden bezeichnet wird, wird mit befriedigten Bedürfnissen assoziiert. Werden Defizite hinsichtlich des Wohlbefindens registriert, spricht das für nicht erfüllte Bedürfnisse, die versucht werden zu kompensieren. Menschen sind nach Auffassung von Staub-Bernasconi dazu in der Lage, manche Bedürfnisse für eine unbestimmte Dauer zu unterdrücken oder aufzuschieben. Bedürfnisunterdrückung und Bedürfnisaufschub passieren vor allem dann, wenn „die Situation als hinderlich oder bedrohlich beurteilt wird“ (Staub-Bernasconi, 2007, S. 170). Für X kann demnach eingeschätzt werden, dass Bedürfnisse vor ihrer Flucht ins Frauenhaus in einem beträchtlichen Ausmaß nicht befriedigt wurden. Vielmehr wurden die Bedürfnisse von X massiv und über einen langen Zeitraum unterdrückt.

2. **Welche Arten der Bewältigung (Staub-Bernasconi, 2007) werden in diesem Fall sichtbar?** (→ Kap. 4.2)

Das Systemtheoretische Paradigma beinhaltet die Vorstellung, dass auch dauerhaft unterdrückte Bedürfnisse bewältigt werden. Im Fall X ist vor ihrer Flucht ins Frauenhaus von einer innerpsychischen Verarbeitung auszugehen. Die Flucht ins Frauenhaus kann als veräußerte Bewältigungsform verstanden werden.

3. **Welche Arten von Austauschbeziehungen nach dem Systemtheoretischen Paradigma (Staub-Bernasconi, 2007) lassen sich im Fall X benennen?** (→ Kap. 4.2)

Vor allem lassen sich vor der Flucht ins Frauenhaus ungleichwertige und einseitige Austauschbeziehungen feststellen. X befand sich jahrelang in einem Abhängigkeitsverhältnis zu ihrem gewalttätigen Ehemann und dessen Familie. Diese Abhängigkeitsbeziehung war dennoch über einen langen Zeitraum stabil.

# Lösung Fall Y: Berufsberatungsstelle für Jugendliche

**1. Führen Sie eine sozial-diagnostische Abklärung auf der primären Ebene durch.** (→ Kap. 5.3.1)

- *Frage nach dem Leidensdruck:*

Aus der Fallschilderung ist nicht eindeutig bestimmbar, ob oder worin konkret der Leidensdruck für Y besteht. Der Fall zeigt viele Aspekte, die die Situation von Y bestimmen, die aber von Dritten festgelegt sind und von außen einwirken. Was Y aus seiner subjektiven Einschätzung heraus als problematisch, veränderungswürdig oder belastend empfindet, wird noch nicht fassbar. Das heißt, in einem Gespräch mit Y müsste zunächst erfragt werden, worin für ihn persönlich eine zu bearbeitende Frage- oder Problemstellung liegt.

- *Frage nach den rechtlichen Bedingungen der Kontaktaufnahme:*

Für Y besteht eine gerichtliche Auflage, die ihn verpflichtet, folgende Maßnahmen wahrzunehmen:
- Jobberatung mit dem Ziel eine Ausbildungsstätte zu finden
- regelmäßige Betreuung bei der Bewährungshilfe
- Inanspruchnahme einer Deradikalisierungsberatung

Da es sich um eine gerichtliche Auflage handelt, wäre durch die Fachkraft abzuklären, in welcher Weise die Beratungen und Betreuungen dokumentiert und eventuell an das Gericht rückgemeldet werden müssen.

Y nimmt aktuell die Termine bei den oben genannten Stellen nur unregelmäßig wahr. Eine Erklärungshypothese dafür wäre, dass die Ziele der Auflagen sich aktuell nicht mit einem persönlichen Leidensdruck von Y decken. Insofern wäre von einer extrinsischen Motivation bei Y auszugehen. Es soll betont werden, dass eine extrinsische Motivationsstruktur durchaus eine gute Ausgangslage für eine Bearbeitung der beauflagten Ziele sein kann, wenn es gelingt, Y in den Bearbeitungsprozess einzubinden.

- *Frage nach Selbst- und/oder Fremdgefährdung sowie existenziellen Notlagen:*

In der Fallschilderung finden sich aktuell keine Hinweise auf eine Selbstgefährdung. Da Y scheinbar weiterhin mit dem Gedanken spielt, wieder auszureisen, und sein Verhalten stark von seiner religiösen Überzeugung geprägt ist, ist die Frage einer möglichen Fremdgefährdung weiterhin vorhanden. Aufgrund dessen hat das Gericht Y mit den entsprechenden Auflagen versehen. Für eine Beratung in der Berufsberatungsstelle bedeutet das zunächst, die Erfüllung der Auflagen mit Y im Beratungsprozess laufend zu thematisieren und transparent mit einer eventuellen Rapportpflicht gegenüber dem

Gericht umzugehen. Sollten fremdgefährdende Tendenzen im Beratungsprozess manifester werden, müssen entsprechende Interventionen erfolgen, die möglicherweise ohnehin durch die gerichtliche Auflage definiert sind. Das heißt, die Fachkräfte sollten sich in diesem Fall bereits zu Beginn des Betreuungsprozesses damit auseinandersetzen, welche Maßnahmen bei einer Verschärfung der Situation, wie z. B. beim dauerhaften Verstoß gegen die Auflagen, ergriffen werden. Es ist ebenfalls zu überlegen, wie eine transparente und arbeitsbeziehungsförderliche Kommunikation mit Y umgesetzt werden kann. Aktuell wohnt Y noch bei seinem Bruder, kann dort aber nicht mehr bleiben. Die Wohnsituation von Y ist als prekär einzuschätzen. Eine Vorstellung in der Wohnungslosenhilfe sei bereits erfolgt. Das heißt, Y wird nach aktuellem Stand wohnungslos werden. Dieser Umstand ist als existenzielle Notlage einzuschätzen. Eine prekäre Wohnsituation beeinflusst die Erfüllung der anderen Auflagen und ist im Betreuungsprozess sorgfältig zu begleiten, um eine weitere Verschärfung der Situation zu verhindern.

2. **Warum scheint in diesem Fall die Berücksichtigung der partizipativen Orientierung besonders relevant?** (→ Kap. 2)

Vor dem Hintergrund des derzeit unklaren subjektiven Leidensdrucks und den umfangreichen Auflagen, die Y derzeit nur unregelmäßig erfüllt, ist es für das Erreichen einer Einbindung von Y unerlässlich, gemeinsam mit ihm Ziele zu definieren, die er auch bearbeiten kann. Dialogisch, beteiligungsfördernd und aushandlungsorientiert zu arbeiten heißt in diesem Fall, Y den vorgegebenen Rahmen der Auflagen und die Absichten dahinter transparent darzustellen. Innerhalb dieses Rahmens befindet sich der Spielraum, wo Y für sich Veränderungsbedarfe und -bereitschaft erkennen und entwickeln kann. Mit Verzicht auf den partizipativen Zugang wäre die sozialarbeiterische Intervention nur noch eine weitere von außen kommende Anforderung für Y, die möglicherweise ebenso unregelmßig erfüllt würde wie derzit die andern Auflge.

# Literatur und Quellen


ASH Berlin (2023): *Die Geschichte der ASH Berlin.* https://www.ash-berlin.eu/hochschule/profil/historie/ (24.05.2023).

Böhnisch, L. (2016). *Lebensbewältigung. Ein Konzept für die Soziale Arbeit.* Weinheim und Basel: Beltz Juventa.

Borg-Laufs, M., Seidenstücker, B. & Röchling, W. (2022). *Gutachtliche Stellungnahmen in der Sozialen Arbeit.* 2., völlig überarbeitete Auflage. Weinheim und Basel: Beltz Juventa.

Bourdieu, P. (1987). *Die feinen Unterschiede. Kritik der gesellschaftlichen Urteilskraft.* Frankfurt a. M.: Suhrkamp, 2016, 25. Auflage.

Buttner, P., Gahleitner, S. B., Hochuli Freund, U. & Röh, D. (2018). Soziale Diagnostik. Eine Einführung. In Buttner, P., Gahleitner, S. B., Hochuli Freund, U. & Röh, D. (Hrsg.), *Handbuch Soziale Diagnostik. Perspektiven für die Soziale Arbeit* (S. 11–30). Berlin: Lambertus.

Feistauer, E. & Zauner-Grois, M. (2009). *Mediation als Wendepunkt in Beziehungen. Hilfreiche Interventionen.* Wien: Facultas.

Flückiger, C. & Wüsten, G. (2015). *Ressourcenaktivierung. Ein Manual für Psychotherapie, Coaching und Beratung.* 2., aktualisierte und erweiterte Auflage. Bern: Hogrefe.

Gahleitner, S. B., Hahn, G. & Glemser, R. (2014). *Psychosoziale Diagnostik* (Reihe: Klinische Sozialarbeit. Beiträge zur psychosozialen Praxis und Forschung, Bd. 5) (S. 18–34). Bonn: Psychiatrie-Verlag.

Gahleitner, S. B. & Röh, D. (2018): Biografie. In Buttner, P., Gahleitner, S. B., Hochuli Freund, U. & Röh, D. (Hrsg.), *Handbuch Soziale Diagnostik. Perspektiven für die Soziale Arbeit* (S. 55–63). Berlin: Lambertus.

Geiser, K (2018). Soziale Diagnostik im Systemtheoretischen Paradigma Sozialer Arbeit. In Buttner, P., Gahleitner, S. B., Hochuli Freund, U. & Röh, D. (Hrsg.), *Handbuch Soziale Diagnostik. Perspektiven für die Soziale Arbeit* (S. 196–209). Berlin: Lambertus.

Heiner, M. (2004). Einleitung der Herausgeberin. In Heiner, M. (Hrsg.), *Diagnostik und Diagnosen in der Sozialen Arbeit. Ein Handbuch.* Freiburg: Lambertus.

Heiner, M. (2014). Wege zu einer integrativen Grundlagendiagnostik in der Sozialen Arbeit. In Gahleitner, S. B., Hahn, G. & Glemser, R. (Hrsg.), *Psychosoziale Diagnostik* (Reihe: Klinische Sozialarbeit. Beiträge zur psychosozialen Praxis und Forschung, Bd. 5) (S. 18-34). Bonn: Psychiatrie-Verlag.

Hochuli Freund, U. (2018). Multiperspektivische Fallarbeit. In Buttner, P., Gahleitner, S. B., Hochuli Freund, U. & Röh, D. (Hrsg.), *Handbuch Soziale Diagnostik. Perspektiven für die Soziale Arbeit* (S. 210–222). Berlin: Lambertus.

Hochuli Freund, U. & Stotz, W. (2017). *Kooperative Prozessgestaltung in der Sozialen Arbeit. Ein methodenintegratives Lehrbuch.* 4. Auflage. Stuttgart: Kohlhammer.

Hoffmann, A. (2014). *EMDR. Praxishandbuch zur Behandlung traumatisierter Menschen.* 5. Auflage. Stuttgart: Thieme.

Huber, M. (2005). *Der innere Garten. Ein achtsamer Weg zur persönlichen Veränderung.* Paderborn: Junfermann.

Labisch, A. & Tennstedt, F. (1985). *Der Weg zum „Gesetz über die Vereinheitlichung des Gesundheitswesens" vom 3. Juli 1934. Entwicklungslinien und -momente des staatlichen und kommu-*

*nalen Gesundheitswesens in Deutschland.* Teil 2. Düsseldorf: Akademie des öffentlichen Gesundheitswesens.

Müller, B. (1997). *Sozialpädagogisches Können: Ein Lehrbuch zur multiperspektivischen Fallarbeit.* Freiburg: Lambertus.

Nauerth, M. (2016). *Verstehen in der Sozialen Arbeit. Handlungstheoretische Beiträge zur Logik sozialer Diagnostik.* Wiesbaden: Springer VS.

Nauerth, M. (2018). *Soziale Diagnostik. Ein analytischer Beitrag zum Gegenstand und zum Verfahren von Verstehensprozessen in der Sozialen Arbeit.* In Klinische Sozialarbeit. Zeitschrift für psychosoziale Praxis und Forschung 14(3), S. 6–9.

Pantucek, P. (2012). *Soziale Diagnostik. Verfahren für die Praxis Sozialer Arbeit.* 3. aktualisierte Auflage. Wien, Köln und Weimar: Böhlau.

Pantucek, P. (2015): *Ecomap.* http://www.pantucek.com/diagnose/mat/ecomap/ecomap.pdf (07.03.2023).

Pantucek-Eisenbacher, P. (2019a). Biografischer Zeitbalken. In Buttner, P., Gahleitner, S. B., Hochuli Freund, U. & Röh, D. (Hrsg.), *Handbuch Soziale Diagnostik. Perspektiven für die Soziale Arbeit* (S. 341–345). Berlin: Lambertus.

Pantucek-Eisenbacher, P. (2019b). *Soziale Diagnostik. Verfahren für die Praxis Sozialer Arbeit.* 4. Auflage. Göttingen: Vandenhoeck & Ruprecht.

Pauls, H. (2013). *Klinische Sozialarbeit. Grundlagen und Methoden psychosozialer Behandlung.* Weinheim und Basel: Beltz Juventa.

Rademaker, A. L. (2018). *Diagnostisches FallVerstehen. Herausforderungen für die Lehre.* In Klinische Sozialarbeit. Zeitschrift für psychosoziale Praxis und Forschung 14(3), S. 9–13.

Rademaker, A. L. (2023). *Forschungsprojekt „QuaSoDia“*, https://www.fh-bielefeld.de/personenverzeichnis/anna-lena-rademaker (13.02.2023).

Reicherts, M. & Pauls, H. (2015). Die Zielerreichungsanalyse (ZEA) als Methode der Einzelfallanalyse. In Reicherts, M. & Genoud, P. A. (Hrsg.), *Einzelfallanalysen in der psychosozialen Forschung und Praxis* (S. 61–84). Weitramsdorf: ZKS.

Röh, D. (2018). *Anspruch und Wirklichkeit. Ganzheitliche Erfassung und Einschätzung von Behandlungs- und Unterstützungsbedarfen.* In Klinische Sozialarbeit. Zeitschrift für psychosoziale Praxis und Forschung 14(3), S. 4–6.

Röh, D. (2018a). Egozentrierte Netzwerkdiagnostik mit Sozialraumbezug. In Buttner, P., Gahleitner, S. B., Hochuli Freund, U. & Röh, D. (Hrsg.), *Handbuch Soziale Diagnostik. Perspektiven für die Soziale Arbeit* (S. 328–333). Berlin: Lambertus.

Salomon, A. (1926). *Soziale Diagnose. Die Wohlfahrtspflege in Einzeldarstellungen, Bd. 3.* Berlin: Carl Heymann.

Salomon, A. (1947). *Soziale Diagnose (Auszüge aus einer Schrift von Alice Salomon).* Schriftenreihe Der Fürsorgeabteilung des Amtes der Oberösterreichischen Landesregierung.

Schilling, J. & Zeller, S. (2007). *Soziale Arbeit. Geschichte, Theorie, Profession.* Stuttgart: UTB.

Schwing, R. & Fryszer, A. (2007). *Systemisches Handwerk. Werkzeug für die Praxis.* Göttingen: Vandenhoeck & Ruprecht.

Seidel, A. & Schneider, S. (2021). *Praxishandbuch ICF-orientierte Bedarfsermittlung. Beratung, Diagnostik und Hilfeplanung in sozialen Berufen.* Weinheim und Basel: Beltz-Juventa.

Spode, H. (2013). Sucht aus historisch-soziologischer Sicht. In Badura, B., Ducki, A., Schröder, H., Klose, J. & Meyer, M. (Hrsg.), *Fehlzeiten-Report: Verdammt zum Erfolg – die süchtige Arbeitsgesellschaft?* (S. 11–19). Berlin und Heidelberg: Springer.

Stadler, C. (2013). Was ist Soziometrie? In Stadler, C. (Hrsg.), *Soziometrie. Messung, Darstellung, Analyse und Intervention in sozialen Beziehungen* (S. 31–81). Wiesbaden: Springer VS.

Staub-Bernasconi, S. (2007). *Soziale Arbeit als Handlungswissenschaft: systemische Grundlagen und professionelle Praxis – ein Lehrbuch.* Bern und Wien: UTB.

Stimmer, F. & Ansen, H. (2016). *Beratung in psychosozialen Arbeitsfeldern. Grundlagen-Prinzipien-Prozess.* Stuttgart: Kohlhammer.

Thiersch, H., Grunwald, K., Köngeter, S. (2012). Lebensweltorientierte Soziale Arbeit. In Thole, W. (Hrsg.), *Grundriss Soziale Arbeit. Ein einführendes Handbuch.* (S. 175–196). 4. Auflage. Wiesbaden: VS Verlag für Sozialwissenschaften.

Thole, W. (2012), *Grundriss Soziale Arbeit. Ein einführendes Handbuch.* 4. Auflage. Wiesbaden: VS Verlag für Sozialwissenschaften.

Thole, W., Galuske, M. & Gängler, H. (1998), Die Leiden des jungen Werther im Zeitalter der Dampfmaschine. In Thole, W., Galuske, M. & Gängler, H. (Hrsg.), *KlassikerInnen der Sozialen Arbeit. Sozialpädagogische Texte aus zwei Jahrhunderten – ein Lesebuch* (S. 37–42). Neuwied und Kriftel: Luchterhand.

Wichern, J. H. (1833), Die öffentliche Begründung des Rauhen Hauses am 12. September 1833. In Thole, W., Galuske, M. & Gängler, H. (Hrsg.), *KlassikerInnen der Sozialen Arbeit. Sozialpädagogische Texte aus zwei Jahrhunderten – ein Lesebuch* (S. 67–84). Neuwied und Kriftel: Luchterhand.

# Stichwortverzeichnis

# Über die Autorinnen

**Mag.[a] Saskia Ehrhardt, MA,** Studien der Erziehungswissenschaft, psychoanalytisch orientierte Sozialtherapie im Suchtbereich, Sozialwirtschaft und Soziale Arbeit. Lehrende am Masterstudiengang „Sozialraumorientierte und Klinische Soziale Arbeit" an der FH Campus Wien. Vorstandsmitglied des European Centre for Clinical Social Work (ECCSW).

**Anna Gamperl, MA BA,** Studien der Sozialen Arbeit und Pädagogik, Masterstudium Klinische Soziale Arbeit, Lehrende an der FH Campus Wien, Sozialarbeiterin in einer sozialpsychiatrischen Beratungsstelle, Psychotherapeutin i.A.u.S (Verhaltenstherapie), Mitarbeiterin der AkutBetreuungWien.

**Mag.[a] Dr.[in] Melanie Zeller,** Sozialpädagogin, psychosoziale Beraterin, systemische (Trauma-)Psychotherapeutin für jedes Alter und Gender, forschend und lehrend an diversen Bildungsinstitutionen und am Masterstudiengang „Sozialraumorientierte und Klinische Soziale Arbeit". Fokusthemen: psychosoziale Beratung, Gewaltprävention, Psychotraumatologie und Resilienz.